A PSICOLOGIA DO VÍCIO

Blucher

Jenny Svanberg

A PSICOLOGIA DO VÍCIO

Tradução

Sonia Augusto

Título original: *The Psychology of Addiction*
A psicologia do vício

Publisher Edgard Blücher
Editor Eduardo Blücher
Coordenação editorial Jonatas Eliakim
Produção editorial Luana Negraes
Preparação de texto Bárbara Waida
Diagramação Guilherme Henrique
Revisão de texto MPMB
Capa Leandro Cunha

Blucher

Rua Pedroso Alvarenga, 1245, 4º andar
04531-934 – São Paulo – SP – Brasil
Tel.: 55 11 3078-5366
contato@blucher.com.br
www.blucher.com.br

Segundo o Novo Acordo Ortográfico, conforme 5. ed. do *Vocabulário Ortográfico da Língua Portuguesa*, Academia Brasileira de Letras, março de 2009.

Dados Internacionais de Catalogação na Publicação (CIP)
Angélica Ilacqua CRB-8/7057

Svanberg, Jenny
A psicologia do vício / Jenny Svanberg ; tradução de Sonia Augusto. - São Paulo : Blucher, 2021.
144 p. (A Psicologia de Tudo)

Bibliografia
ISBN 978-65-5506-120-8 (impresso)
ISBN 978-65-5506-121-5 (eletrônico)

1. Psicologia 2. Vícios I. Título. II. Série.

21-4753 CDD 179.8

Índice para catálogo sistemático:
1. Psicologia

Para a Forth Valley Recovery Community e o "time dos sonhos", pelas conversas, bolos e inspiração.

CONTEÚDO

AGRADECIMENTOS

Agradeço a Lucy Kennedy da Psychology Press pela oportunidade, e àqueles que leram as versões iniciais do livro. Sou muito grata por seus conselhos e seu incentivo. Existem muitas pessoas que me deram a inspiração e a motivação para escrever, e não posso nomear todas, mas espero que vocês saibam quem são. Agradecimentos especiais a Sean McCann, Katy Sinclair, Grant Brand, Calum Blair, Flip Aveyard, Rachel Crespo-Bonney e os Svanbergs, e desculpas a todos que não mencionei. Todos os erros ainda são meus.

Acima de tudo, obrigada à equipe e aos usuários do serviço do Glasgow Addiction Service e do Forth Valley Substance Misuse Service por tudo que vocês me ensinaram. A estrada é longa, mas sempre existe esperança.

Por fim, mas igualmente importante, obrigada a Lance.

INTRODUÇÃO

Existem muitas histórias a respeito do vício, e quase todas discordam umas das outras. O vício é uma doença ou uma fraqueza moral? É a consequência inevitável do uso de drogas ou uma escolha? Se tem a ver com as drogas, o que dizer da dependência de apostas, sexo, compras, exercício, videogames, comida, riqueza, poder? Esses são vícios reais também? Se tem a ver com as drogas, por que nem todo mundo que usa drogas fica dependente? Algumas pessoas simplesmente têm personalidades com tendência ao vício? De qualquer modo, não há dúvidas de que esse é um problema significativo. Embora o uso de drogas esteja diminuindo, as mortes induzidas por drogas no Reino Unido estão no nível mais alto desde que os registros começaram, três vezes mais alto que a média europeia (EMCDDA, 2017b). A overdose de drogas é a causa principal de mortes acidentais nos EUA (CDC, 2011), e os números continuam a aumentar. Os Estados Unidos parecem estar em meio a uma epidemia não só de prescrição de opiáceos, mas também de obesidade influenciada pela dependência de alimentos com alto teor de gorduras. O Reino Unido não fica muito atrás, com as taxas mais elevadas de obesidade na Europa Ocidental (AMRC, 2013). O uso problemático de drogas e álcool pode ser tão prejudicial quanto o uso por adicção. Cerca de metade de todos os ataques violentos está relacionada com o álcool, e a cada quatro homens que morrem com idade entre 16 e 24 anos, um falece como resultado de causas relacionadas com o álcool (PHE, 2014). Os custos do vício e do uso problemático de substâncias estão bem documentados, mas os custos pessoais e as tragédias dentro dessas estatísticas são incalculáveis. Os bilhões de libras e dólares que têm sido gastos na prevenção e no tratamento de adicções e do uso prejudicial de drogas e álcool não parecem estar funcionando, e é inevitável se perguntar se estamos entendendo algo muito errado.

Este livro é uma tentativa de abordar algumas das questões e das crenças conflitantes ao redor do vício e dos comportamentos de dependência, e existem alguns temas que serão explorados durante os capítulos. A adicção não é uma falha moral nem uma escolha. O modelo de doença ou médico, que entende o vício como uma doença cerebral influenciada por vulnerabilidade genética, é o mais amplamente conhecido, mas tem alguns defeitos significativos. Pode-se dizer que é limitante demais entender o vício como uma doença, o que o Capítulo 1 vai explorar mais detalhadamente. Uso de drogas não é a mesma coisa que vício em drogas, e essa distinção é verdadeira em relação a outros comportamentos de dependência. Os comportamentos de dependência são o ponto extremo de um espectro em que todos estamos situados; eles seguem os mesmos processos que todos usamos para identificar e procurar coisas que consideramos importantes para nossa sobrevivência. No vício, esses hábitos se tornam profundamente enraizados e supervalorizados, de modo que eles começam a pressionar outras partes da vida que anteriormente eram importantes. Isso é verdade independentemente do objeto do vício, quer seja drogas, álcool, jogos de computador ou trabalho. Nosso cérebro é projetado para criar hábitos, e os hábitos mais enraizados são aqueles que suprem as necessidades emocionais fundamentais: de pertencimento, de segurança, de controle e autonomia, de alívio de uma dor avassaladora. O vício engana as pessoas, levando-as a procurar coisas que nunca podem suprir as necessidades em longo prazo, como os "fantasmas famintos" do budismo tibetano: seres com barrigas enormes e vazias, mas bocas do tamanho de alfinetes, e assim, por mais que comam, eles nunca ficam satisfeitos. O autor e médico Gabor Maté descreveu isso como "o domínio do vício, onde buscamos constantemente algo fora de nós mesmos para aliviar o anseio insaciável por alívio ou satisfação" (2010, p. 1). Todos nós temos alguma capacidade de desenvolver comportamentos de dependência, e certos fatores em nossa biologia, psicologia e ambiente social tornam isso mais ou menos provável em diferentes épocas da nossa vida. A recuperação (e a maioria das pessoas se recupera de todos os tipos de comportamentos de dependência, em geral sem tratamento) tem a ver com aprender a dominar esses processos cerebrais complexos e encontrar maneiras mais saudáveis e sustentáveis de satisfazer essas necessidades. Muitas vezes, isso envolve encontrar relacionamentos seguros e compassivos, conectar-se, sentir-se aceito e compreendido. A fim de curar feridas antigas, a sociedade precisa assumir uma atitude compassiva para possibilitar a recuperação e aprender a nutrir os fantasmas famintos entre nós.

Este livro foi embasado na minha experiência de trabalho como psicóloga clínica em equipes de comunidades especializadas no vício em drogas e álcool na Escócia. Quando comecei, eu era muito ingênua sobre dependência; a maior parte do que sabia vinha do meu treinamento, da maneira como meus amigos e parentes pensavam sobre o uso de drogas e álcool e também da mídia – conhecimento de livros, em vez de experiência, como alguns usuários do serviço mais tarde me diriam. Essas lições não me equiparam para o trabalho que me esperava, com pessoas que expressavam um desejo desesperado de mudar durante as sessões, depois voltavam aos mesmos ciclos antigos assim que saíam, ou aqueles que lutavam para saber o que pensavam ou sentiam em grande parte do tempo, e pareciam reagir de um momento para o outro sem planejar, apesar das consequências às vezes terríveis que eles conheciam muito bem. Eu ouvia os funcionários descreverem a necessidade de as pessoas "chegarem ao fundo" antes de poderem mudar e ficava pensando onde era o "fundo" para pessoas que já tinham aguentado tanto. Eu lia antigos registros psiquiátricos com rótulos para a mesma pessoa que iam de "transtorno bipolar" a "ansiedade e depressão" a "transtorno de personalidade *borderline*" e, em uma ocasião, a "transtorno de personalidade inadequada", um rótulo que desde então foi removido dos manuais de diagnóstico. De qualquer modo, essa confusão ilustra os limites de um modelo médico ou diagnóstico para descrever dificuldades complexas de saúde mental, especialmente quando são acompanhadas por comportamentos de dependência. Percebi quanto do estigma em relação ao vício eu tinha absorvido: por que essas pessoas não se esforçavam mais para mudar? Talvez elas não estivessem tão motivadas assim. Será que o problema era comigo, e eu simplesmente era horrível no meu trabalho? Muitos colegas com quem eu trabalhava estavam no serviço há anos e tinham visto várias gerações das mesmas famílias passarem pelas portas. Você pode imaginar o que isso faz com sua esperança de que as pessoas possam se recuperar quando elas têm tantas probabilidades em contrário. Isso exemplifica como indivíduos, famílias e comunidades podem ficar presos quando não entendemos a dependência bem o bastante ou quando seu tratamento é sabotado pela dinâmica social que isola e exclui. Isso também mostra como os funcionários têm de ser pacientes e dedicados para evitar o *burnout* de ver os mesmos ciclos frustrantes se repetirem seguidas vezes. Por outro lado, as pessoas se recuperam, às vezes contra todas as probabilidades, e essas histórias de resiliência nunca deixam de trazer inspiração e energia para continuar o trabalho. A recuperação é contagiante, e a inspiração e a esperança que se espalham com o apoio dos companheiros e das redes comunitárias são tangíveis.

Este livro espelha minha própria curva de aprendizado, explorando as histórias que ouvimos sobre adicção e desfazendo alguns dos mitos mais enraizados. O Capítulo 1 explora como os modelos moral e médico foram influenciados pelo clima social e pela política de sua época e toca brevemente em alguns dos modelos psicológicos e sociais que oferecem histórias complementares sobre como o vício se desenvolve. O Capítulo 2 passa a examinar a neurociência por trás dos comportamentos de dependência, investigando hábito, escolha e compulsão e explicando como a adicção se desenvolve a partir de um tipo particular de aprendizado. Isso é explorado por alguns setores, entre eles o setor de jogos de computador. Você já perdeu horas em um jogo de computador quando realmente não pretendia? Nós podemos escolher usar drogas ou beber álcool, comer demais ou jogar um jogo de computador por três horas no meio da noite, mesmo sabendo que esse não é o comportamento mais inteligente e que vamos nos arrepender de manhã. Porém, escolher fazer algo não se transforma em dependência a menos que estejamos vulneráveis por algum motivo, talvez em um ponto sensível em nosso desenvolvimento, e que repitamos o comportamento até que ele crie uma trilha obrigatória no cérebro, até não conseguirmos mais parar, mesmo que desejemos fazer isso. É aqui que a ideia de "vício como uma escolha" fica um pouco borrada. Quanto mais vezes repetimos um comportamento, mais automático ele se torna e menos fazemos uma escolha consciente. Fazer as coisas automaticamente nos ajuda a levar nossas vidas complexas, mas no caso da adicção, os hábitos que se tornam automáticos começam a nos enganar.

Embora exista um processo comum subjacente a diferentes comportamentos de adicção, a dependência de drogas e álcool pode trazer desafios extras por causa do modo como o uso da substância, com o tempo, pode afetar a capacidade do cérebro para gerenciar funções como memória, planejamento e pensamento flexível, conhecidas como funções cognitivas. Anos de uso de álcool ou drogas podem levar a danos no funcionamento cerebral. Porém, mais uma vez, isso não tem a ver apenas com as drogas (e o álcool), mas também com os estilos de vida que podem às vezes acompanhar o uso em longo prazo, especialmente se você não estiver comendo quando usa drogas ou bebe. Embora o álcool e as drogas não "causem" adicção, eles nunca estão livres de riscos, e é útil estar informado sobre as consequências em potencial. Com informações melhores, todos somos capazes de tomar decisões mais racionais sobre quais riscos queremos correr.

Existem muitas coisas que nos deixam vulneráveis a desenvolver comportamentos de dependência, desde a biologia e a nossa estrutura genética até nossa idade, nossos ambientes e a vida em que nascemos. O Capítulo 3 aborda alguns desses temas, examinando a maneira como a adicção cresce a partir da interação entre uma pessoa e seu ambiente, e as estratégias que desenvolvemos para entender e lidar com as cartas que recebemos. Se enfrentamos a adversidade quando éramos jovens ou quando estávamos crescendo, a adicção é mais provável (embora não seja uma conclusão inevitável). Muitas pessoas com as dependências mais graves de drogas e álcool passaram por um catálogo de horror, incluindo abuso, negligência e violência, a ponto de algumas vezes os maltratos se tornarem um modo normal de vida, e a gentileza ser compreendida como meramente ausência de dano. O modelo médico do vício coloca a ênfase nos sintomas da adicção em vez de nas causas, o que pode nos cegar para as raízes de algumas dependências. Muitas vezes, os comportamentos de dependência não são o problema primário, mas começam como uma maneira de bloquear a perturbação avassaladora e, depois, se transformam em um problema em si mesmos.

Os Capítulos 4 e 5 começam a examinar um roteiro psicológico para entender e tratar a adicção com mais compaixão, construindo um movimento de recuperação global. Se escorregar para o vício é um exercício de estreitamento da atenção, ganhar controle sobre os comportamentos de dependência tem de envolver toda uma série de mudanças. Precisamos ser capazes de reconhecer quando estamos sendo impulsivos, ou compulsivos, agindo sem pensar. Precisamos pensar sobre o propósito do comportamento de dependência. O que ele nos dá? Que necessidade ele está tentando satisfazer? Compreender as respostas a essas questões pode nos ajudar a encontrar alternativas mais seguras. Podemos retreinar nosso cérebro para formar hábitos mais saudáveis e estabelecer novos padrões neurais para guiar nosso comportamento. Precisamos aprender maneiras diferentes de compreender nossas emoções e nós mesmos. Também precisamos considerar modos de construir ou reparar relacionamentos saudáveis com as pessoas que nos rodeiam, para podermos nos conectar e nos sentir seguros.

A maioria das pessoas afetadas pelo vício encontra seu próprio caminho para maneiras mais saudáveis de viver, ou recebe apoio de amigos, parentes e de suas comunidades. Se você estiver isolado ou com dificuldades para encontrar relacionamentos de apoio, as comunidades de recuperação e de ajuda mútua ao redor do mundo podem oferecer um porto seguro e, muitas vezes, um lugar para dar os primeiros passos de afastamento da adicção. Para aqueles que foram atraídos para dependências mais arraigadas, muitas vezes com outras dificuldades complexas de saúde física e mental, os serviços especializados podem ser uma maneira útil de apoiar a aprendizagem de novos comportamentos. Abordagens médicas ao vício têm oferecido avanços significativos na redução do dano associado com muitos tipos diferentes de adicção, em especial algumas dependências de drogas e álcool. Porém, é quando elas são integradas com as abordagens psicológica e social que temos um modelo para tornar os serviços mais colaborativos e mais focalizados em força e escolha individuais.

Trabalhar nos serviços voltados para a dependência começa a parecer inerentemente político depois de algum tempo. Você está trabalhando dentro de uma estrutura social e política que muitas vezes parece funcionar contra você, mesmo em um país que tem um serviço nacional de saúde. Como seria uma política de drogas mais compassiva e baseada em evidências? O Capítulo 6 esboça como mudanças na política de drogas ao redor do mundo levaram a progressos profundos na maneira como o vício é tratado, com muitas lições positivas a serem aprendidas. Existem agora décadas de evidências de que a proibição de drogas não funciona e levou a abusos de direitos humanos em todo o mundo. Travar uma guerra contra as drogas aumentou os problemas relativos ao vício, enraizou e fortaleceu os crimes relacionados a drogas, e nos deixou com imensuráveis custos individuais, sociais e econômicos: um fracasso épico, segundo comentários de pessoas que vão de Noam Chomsky a Jay-Z (Bandele, 2016). Então, qual é a resposta? Existe um argumento de que a descriminalização ou legalização levará apenas ao uso cada vez mais disseminado de drogas e a maiores riscos para nossos filhos. Por que desejaríamos isso? As lições provenientes da maneira como outros países começaram a tratar a dependência podem oferecer algumas soluções.

A recuperação do vício, apesar dos desafios e dos contratempos ao longo do caminho, pode ser um processo intensamente esperançoso. É possível, e acontece frequentemente, embora não ouçamos muito a respeito disso por causa dessa poderosa história de doença. Um movimento de recuperação que tem sido comparado a um movimento de justiça social (White, 1996) levou ao crescimento de comunidades inspiradoras de pessoas em recuperação que buscam guiar os outros nos primeiros passos para fora da adicção. De muitas maneiras, o vício é um resultado possível do que acontece quando nossas necessidades fundamentais como ser humano não são satisfeitas. O estigma ao redor da adicção exclui e isola aqueles que são afetados e, dessa forma, a criação de um clima mais encorajador, de cura e suporte, tem de envolver a conexão e a aceitação social. Ainda temos um caminho a percorrer para atingir isso, mas quando buscamos e apoiamos os mais vulneráveis na nossa sociedade, todos nós nos beneficiamos.

1

VÍCIO: DO PRECONCEITO À COMPAIXÃO

No decorrer dos anos, tem havido muitas tentativas de encontrar uma definição abrangente de vício. Você pode ter ouvido sua descrição como uma dependência pouco saudável de um objeto ou experiência, como drogas, apostas, ou até mesmo um relacionamento. Isso está na nossa linguagem cotidiana: quando dizemos "sou viciado em chocolate", significa que queremos chocolate demais, que talvez comamos demais, com a implicação de que sabemos que estamos fazendo algo que não é bom para nós. Isso não é diferente das definições formais de vício, em que a característica definidora é o uso compulsivo de uma substância (ou a busca de um comportamento) apesar de um desejo de parar e de se ver diante de consequências negativas crescentes. Isso não tem a ver com a quantidade da coisa – quanto você bebe ou fuma –, mas com seu relacionamento com o comportamento. No caso da dependência de drogas, os manuais de diagnóstico psiquiátrico refletem isso nos critérios para um "transtorno de uso de substância": você usa mais da substância por mais tempo do que pretende; você quer diminuir ou parar, mas não consegue; você acaba gastando muito tempo em busca da substância; você anseia por ela; a substância impede que você cumpra suas obrigações com o trabalho, a família ou a escola; você continua usando mesmo quando ela provoca problemas sociais ou interpessoais; você se torna "tolerante" (mais sobre isso adiante); ou você experimenta sintomas de abstinência (APA, 2013).

Esses critérios foram desenvolvidos a partir dos estudos históricos do vício, que incluíam ideias ao redor da "dependência de substâncias", ainda um diagnóstico dentro das diretrizes europeias (WHO, 1992). Ser fisicamente dependente de uma substância significa que seu corpo está acostumado a ela porque você a usou por um período, então você pode precisar de uma quantidade maior da substância para notar seu efeito, algo conhecido como "ter tolerância" a ela. Se parar de usar, você pode ter sintomas de "abstinência". Qualquer pessoa que teve uma ressaca depois de beber álcool já experimentou sintomas de abstinência associados ao álcool. Se você foi internado em um hospital para uma cirurgia ou um tratamento e recebeu opiáceos como analgésico, pode ter experimentado sintomas similares aos de um resfriado quando voltou para casa, como resultado dos sintomas físicos de abstinência dos medicamentos opiáceos. Na verdade, se tiver experimentado esses sintomas leves de abstinência depois de receber analgésicos fortes, você pode ter uma ideia do que é sentir a abstinência de heroína, pois o cloridrato de diamorfina, ou heroína para uso médico, é comumente usado em hospitais por ser efetivo para aliviar a dor grave. Isso não parece muito ruim, certo? Então por que toda a confusão a respeito de a heroína provocar tanta dependência? Tolerância, abstinência e dependência podem ser associadas a drogas e a comportamentos específicos, mas não são as características definidoras do vício, nem são as características definidoras do uso repetido de todas as drogas (cocaína e anfetaminas não provocam dependência física da mesma maneira que a heroína e o álcool, por exemplo). A dependência física não é sinônimo de vício. Isso pode ser um alívio para quem estiver lendo este livro e acabou de se diagnosticar com um leve transtorno de uso de álcool depois de uma grande noitada, com mais álcool do que o pretendido e uma ressaca no dia seguinte! Claramente, as expectativas culturais também têm um papel aqui. As consequências prejudiciais do vício em drogas dependem em algum grau de circunstâncias pessoais. Se tiver recursos, você pode ser capaz de manter um alto padrão de vida apesar de ser viciado em heroína e terá menos probabilidade de enfrentar algumas das consequências em potencial, relacionadas a moradia instável ou acesso a tratamento.

Também é importante esclarecer que o *uso* de drogas não é a mesma coisa que o *vício* em drogas, embora drogas e embriaguez possam ter suas próprias consequências negativas. Você não precisa ser viciado em algo para que isso cause dano para você ou para outras pessoas. Todo o espectro que liga uso de drogas e vício em drogas atrai mais desaprovação social e estigma que outros comportamentos potencialmente viciantes, por sua associação à criminalidade, mas será que o vício em drogas é diferente dos outros comportamentos de dependência? O *Manual Diagnóstico e Estatístico de Transtornos Mentais* (DSM-5; APA, 2013), a "bíblia dos diagnósticos", estabeleceu critérios para diagnosticar outros comportamentos de dependência, entre eles vício em álcool e em apostas, com uma interrogação quanto ao vício em videogames (mais pesquisas são necessárias), mas excluiu comer, comprar, fazer sexo, trabalhar e comer chocolate compulsivamente. Embora isso possa parecer superficial, você pode ter notado que os critérios dados no primeiro parágrafo para diagnosticar transtornos de uso de substâncias poderiam potencialmente ser adaptados a muitos outros comportamentos. E se você substituir a "droga" ou "usar" por estar totalmente apaixonado por alguém que seus amigos não aprovariam? Você anseia pela companhia do seu amor? Você passa mais tempo com ele do que deveria, à custa de suas outras obrigações? Você perde tempo procurando-o ou seguindo-o nas mídias sociais? Isso causa problemas com seus amigos porque você sabe como eles se sentem? Você para de contar a eles sobre esse novo amor e fica cheio de segredos sobre o que realmente está acontecendo e até mente para as pessoas? Por fim, você começa a ver as razões deles, fica bravo consigo mesmo e envergonhado, termina o relacionamento, mas depois acaba voltando mais vezes do que gostaria? Um relacionamento poder ser uma "condição de recaída crônica"? Os processos subjacentes a qualquer comportamento gratificante são os mesmos e todos têm o potencial de se tornar viciantes. O vício é mais um processo que um ponto final, e pode ser entendido como um hábito extremo que se tornou disfuncional e é difícil de quebrar. As recaídas ou tentativas fracassadas de reduzir ou interromper o comportamento de dependência têm sido vistas como sua essência central: o professor de psicologia Nick Hether (2017) definiu o vício como "uma falha repetida e contínua de evitar ou reduzir radicalmente um comportamento específico apesar de resoluções anteriores de fazer isso" (p. 11).

Os critérios do DSM-5 são baseados num entendimento biológico do vício e da doença mental, que compreende a adicção (e as dificuldades mentais) como doenças cerebrais com causas biológicas. O National Institute on Drug Abuse, nos EUA, descreve o vício como uma "doença cerebral crônica de recaída", comparando-a com outras doenças como diabetes e doença cardíaca crônica. Existem alguns problemas com essa visão, que vamos examinar detalhadamente adiante neste capítulo. Por enquanto, é importante indicar que um entendimento biológico da adicção é necessário, mas de modo algum suficiente para dar uma visão geral abrangente de um problema tão complexo com raízes em nossa biologia, nossa psicologia e nossos ambientes sociais. Os modelos psicológicos e sociais de compreensão da adicção a colocam em um contexto de desenvolvimento, enfatizando que ela se desenvolve gradualmente no decorrer do tempo e pode ser mais exatamente entendida como uma adaptação aprendida a ambientes específicos, mas que pode se tornar enraizada e compulsiva. Teorias diferentes se concentram em aspectos diferentes da adicção, como ser uma escolha (Heyman, 2013) e/ou um modo de medicar uma dor psicológica ou física intolerável (Khantzian, 1985). Em sua revisão extremamente completa de 98 teorias e modelos de adicção, o professor Robert West e o dr. Jamie Brown, da University College London, desenvolveram uma "teoria sintética do vício", baseada em uma teoria multifacetada de motivação, que leva em conta os elementos biológicos, psicológicos e sociais desse problema complexo (West & Brown, 2013). A teoria deles é ampla o bastante para abranger as diversas formas de vício e indica que a dependência está relacionada a outros comportamentos em que o racional perde diante de impulsos ou motivações fortes.

Isso ilustra um modo útil de ver a adicção. Não é algo que você tem ou não tem, mas que existe em um espectro com o comportamento normal. Todos nós temos a possibilidade de nos tornarmos viciados em coisas diferentes em alguns momentos de nossa vida, dependendo do que acontece conosco e das oportunidades que estão disponíveis, e todos temos a capacidade de superar isso. Não é que alguns de nós tenhamos uma doença e outros não. Existem influências genéticas no modo como a adicção se desenvolve, mas ela não pode ser reduzida apenas a uma vulnerabilidade genética, mesmo que isso ofereça um modo atraente de englobar um problema complexo e confuso. Não podemos entender plenamente o vício a menos que estejamos dispostos a nos colocar no lugar daqueles que foram afetados e, para fazer isso, precisamos considerar o papel do estigma no modo como nossa sociedade enxerga o vício.

ADICÇÃO E ESTIGMA

O que você vê em sua imaginação quando pensa em "viciado"? Estamos imersos nas histórias e nas imagens sobre a adicção que estigmatizam e desumanizam as pessoas que se tornaram dependentes, especialmente de drogas e álcool, e isso não poderia deixar de influenciar o modo como pensamos sobre adicção e sobre aqueles que lutam com isso. Os tabloides retratam as pessoas viciadas como anormais, fracas e manipuladoras, ou glamorosas e trágicas. A implicação é que eles escolheram ser viciados. Eles mentem e roubam para alimentar seus hábitos irresistíveis. Eles são sem-tetos, eles se prostituem, eles venderiam a avó por uma dose. Eles são *diferentes de nós*. Essas mensagens criaram os estereótipos do "viciado" e do "alcoólatra" que são vívidos em nossa consciência social e que nos cegam para a miríade de problemas que alimentam a adicção e, depois, a entrincheiram nas comunidades. Elas também nos cegam para toda a gama do que constitui a dependência. O uso de drogas ilegais traz consigo a desaprovação social de realizar uma atividade que foi considerada criminosa. Contudo, existem graus de desaprovação social, dependendo do histórico e do tipo de adicção, e os maiores estigma e indignação moral são reservados para os grupos que já foram considerados "o outro", por sua pobreza ou cor de pele diferente. Um exemplo disso vem dos números de prisões e de sentenças de prisão para jovens negros nos Estados Unidos e no Reino Unido por crimes relacionados a drogas (Human Rights Watch, 2009). A probabilidade de esse grupo ser preso e condenado por crimes relacionados a drogas nos EUA é dez vezes maior, apesar de taxas quase idênticas de uso e tráfico de drogas. No Reino Unido, as pessoas negras e de minorias étnicas têm taxas mais baixas de uso de drogas que os outros grupos, mas têm probabilidade seis vezes maior de serem paradas e revistadas em busca de drogas, além de uma probabilidade mais alta de serem acusadas de um crime relativo a drogas em vez de advertidas (Eastwood et al., 2013).

Esse estigma e esse preconceito continuam a ter efeitos de longo alcance. Imagine que você está bebendo cada vez mais e começa a ficar preocupado que isso se torne um problema. As coisas começam a sair do controle. Você pode contar a alguém? O que vão pensar de você? O que você pensa de si mesmo nesse ponto? E se o seu uso de drogas estiver saindo do controle, mas você não se identifica com o estereótipo de um "adicto" ou um "viciado"? Todos os seus amigos usam drogas, e está tudo bem, então por que não estaria bem com você? Você se sentiria bem pedindo ajuda? E se você for internado? E se você ficar com um antecedente criminal? O oposto também é verdade. E se você vir como as pessoas tratam os usuários e os viciados em drogas, mas estiver usando há muito tempo, e estiver tudo bem com você e também com todos os seus amigos? As pessoas olham para você com reprovação e o julgam, então porque não assumir o rótulo de "viciado" e jogá-lo de volta para elas? Você nunca se sentiu tão aceito como quando está com outros "viciados", então assuma que eles são o seu grupo e que você vai ficar com ele. Se as pessoas são tratadas como "escória mentirosa e ladra", algumas podem tentar viver segundo essa expectativa, outras podem internalizá-la e se sentir envergonhadas com o preconceito.

O estigma que rodeia o uso de substâncias pode nos cegar para as coisas que levaram a isso ou que mantêm o indivíduo preso, como problemas de saúde mental, experiências de infância difíceis ou traumáticas, pobreza ou privação social. Essa atribuição equivocada tem consequências sérias. Muitas pessoas com adicções mais severas têm histórias caracterizadas por traumas que a maioria de nós só pode imaginar, e existem altas taxas de problemas de saúde mental entre aqueles que usam os serviços de adicção (mais sobre isso no Capítulo 3). O estigma pode reforçar a vergonha associada com o uso de substâncias e as histórias de trauma, o que torna as recaídas muito mais prováveis. Isso influencia o modo como as famílias e as sociedades veem o vício e o uso de drogas, e tende a disseminar o pessimismo a respeito da recuperação. Se a vergonha e a desconexão alimentam o vício, criar mais divisões só pode intensificar o problema. Essencialmente, o estereótipo de um viciado é alguém que é moralmente fraco, que faz escolhas ruins porque tem um caráter ou uma personalidade com falhas, uma visão que data do século XVII ou até antes, quando a perda de controle do uso de substâncias e a embriaguez eram vistos como pecados, e os afligidos eram considerados pecadores.

Você vê o efeito desses estereótipos todas as vezes que a adicção é descrita como "autoinfligida", ou na catastrófica "guerra contra as drogas", anunciada pelo presidente estadunidense Richard Nixon em 1972 e adotada pela maioria dos outros países, como resultado da forte pressão dos EUA. Essa política enraizou a adicção e a violência em diversas comunidades de todo o mundo e levou as pessoas com vícios a serem desumanizadas em uma extensão tal que é usada em alguns países para justificar a tortura e a morte (Kine, 2017). Se a adicção é uma falha moral, então as drogas são do mal e os viciados devem ser punidos por seus pecados. Parece muito medieval, não é? E, no entanto, continuamos a proibir as substâncias de um modo que não tem relação com a quantidade de dano que elas causam (Nutt et al., 2010), e trancafiamos os jovens e os adultos, em especial aqueles de minorias étnicas e de grupos socioeconômicos mais baixos, por causa de seu uso das substâncias. Um grande abismo se abriu entre o que sabemos sobre o vício a partir das pesquisas e das experiências pessoais e o modo como o vício é compreendido e tratado na nossa sociedade.

ADICÇÃO, DISCRIMINAÇÃO E POLÍTICA

A ideia de que o vício é uma falha moral veio dos movimentos de temperança, impulsionados pela religião, dos séculos XIX e XX. Considerava-se que o "demônio da bebida" levava à pobreza e ao crime e destruía as famílias. Porém, desde os primeiros dias da legislação para controlar o consumo de substâncias, as políticas voltadas para o vício se concentraram em grupos politicamente considerados "problemáticos" na sociedade e foram usadas de uma maneira discriminatória. Os Gin Acts do início do século XVIII tentaram proibir apenas o gim, considerando-o "a principal causa de todos os vícios e depravações cometidos entre as pessoas de tipo inferior" (Dillon, 2002, p. 52), e os outros tipos de álcool (os que não tendiam a ser usados pelas pessoas pobres) continuaram a ser legais. A proibição do gim foi rejeitada em 1743, depois de distúrbios e violência social em massa, e o Reino Unido não voltou a proibir o álcool novamente, embora tenha havido algumas tentativas. Os grupos de temperança tiveram mais sucesso em outros países, e a proibição do álcool espalhou-se para partes do mundo que incluíram a Escandinávia, a Rússia e os EUA no início do século XX.

No fim do século XIX, Freud estabeleceu as bases das teorias psicodinâmicas da adicção, que interpretam o vício como uma defesa inconsciente contra o desamparo ou a impotência: uma forma de regular desejos reprimidos ou necessidades não satisfeitas. Essas ideias se desenvolveram substancialmente desde o próprio Freud, que teorizou que as adicções só existiam como substitutas para a "masturbação . . . o hábito principal . . . a 'adicção primal'" (carta de Freud para Wilhelm Fliess de 22 de dezembro de 1897, extraída de Masson, 1985). Essa teoria não foi apoiada por dados empíricos. Alguns anos antes, Freud também tinha escrito o primeiro estudo conhecido descrevendo os usos da cocaína, depois de estudar seus efeitos em si mesmo e recomendar usos terapêuticos da droga como estimulante, para distúrbios digestivos, para asma, como afrodisíaco e como anestésico local (Shaffer, 1984). Ele estava em boa companhia no final do século XIX. Diversas drogas ainda não tinham entrado para a classe de "substâncias pecaminosas" e, embora o ópio estivesse provocando preocupações, ele era comercializado em remédios como o "Mrs Winslow's Soothing Syrup", para acalmar bebês em fase de dentição, até a década de 1930.

Quando a proibição chegou aos Estados Unidos no início do século XX, ela na verdade tinha pouco a ver com drogas e mais a ver com racismo e xenofobia. Como no caso dos Gin Acts no século XVIII, as leis, que criminalizaram algumas drogas em vez de outras, concentraram-se especificamente naquelas percebidas como associadas a grupos específicos. Fumar ópio foi proibido em São Francisco em 1875 por causa da associação entre antros de ópio e imigrantes chineses, enquanto a ingestão de ópio por meio de remédios e de "tinturas" usados pelos estadunidenses brancos de classe média permaneceu legal (Musto, 1999). A cocaína e a maconha tornaram-se alvos por causa de seu uso entre as populações afro-americana e hispânica, com os primeiros partidários da proibição de drogas ilustrando abertamente o racismo por trás das leis discriminatórias. A proibição de drogas continua até hoje, criminalizando aqueles que usam até mesmo pequenas quantidades de substâncias ilícitas, sem estabelecer uma diferença notável entre o uso e o tráfico de drogas. Nos Estados Unidos, quase um em dez homens afro-americanos com cerca de 30 anos está na prisão, e a guerra às drogas tem sido descrita como o maior fator isolado para as desigualdades raciais no sistema de justiça criminal nos EUA (The Sentencing Project, 2013). O livro *Chasing the Scream*, do escritor e jornalista Johann Hari, oferece um relato vívido da história e das consequências da guerra às drogas. Ele descreve a guerra às drogas como uma busca de

> respostas fáceis para medos complexos. . . . O público queria ouvir que esses problemas profundos e complexos – raça, desigualdade, geopolítica – resumem-se a alguns poucos pós e pílulas e, se esses pós e pílulas pudessem ser apagados do mundo, esses problemas desapareceriam. (Hari, 2015, p. 44)

Na verdade, a proibição de drogas contribuiu para que a visão moral da adicção se tornasse dominante, ampliou o estigma enfrentado por grupos específicos de minorias na sociedade e, ao fazer isso, contaminou as tentativas de entender e tratar a adicção com mais compaixão.

DA MORALIDADE À MEDICINA

Durante a primeira metade do século XX, os profissionais da medicina e outros argumentavam que a adicção deveria ser entendida e tratada como uma doença, e foram até mesmo presos por suas tentativas de apoiar os viciados na sociedade dominante (Hari, 2015). Ao mesmo tempo, a luta para reconhecer a adicção como uma doença trouxe um enorme alívio para aqueles que eram estigmatizados e excluídos da sociedade e ofereceu esperança de tratamento e cuidado. Em muitos lugares isso ainda acontece. Essa foi uma mudança crucial de paradigma e ofereceu uma abordagem mais compassiva para ajudar as pessoas. Em vez de serem moralmente doentes e erradas, as pessoas tinham uma doença médica. Não era culpa delas. Isso aliviou o estigma, em alguma medida, e a culpa pessoal. Isso levou à pesquisa de tratamentos eficientes, resultou na produção de remédios para reduzir sintomas de abstinência, manter a estabilidade e suprimir os desejos, e reduziu dramaticamente o dano associado com o uso caótico de drogas e álcool por meio de abordagens de "redução de danos", descritas no Capítulo 4. Uma compreensão da "adicção como uma doença" cresceu junto com a ideia de "adicção como uma fraqueza moral" por algum tempo; o vício inicialmente era visto como uma doença que afetava aqueles de fraca moral, antes de passar a ser uma "vulnerabilidade biológica". Isso foi espelhado no desenvolvimento do *Manual Diagnóstico e Estatístico de Transtornos Mentais* (DSM), cujas definições de adicção evoluíram de um sinal de uma personalidade desordenada em 1952 para o espectro de "transtornos de uso de substância" descrito anteriormente neste capítulo.

Hoje, a definição do vício como uma "doença cerebral crônica de recaída" é sustentada por pesquisas que descobriram que as áreas do cérebro responsáveis por gratificação, julgamento, aprendizagem, memória e autocontrole mudam durante a adicção, provavelmente em virtude da toxicidade das substâncias. Uma visão biológica extrema considera a adicção como biologicamente determinada com uma base genética – uma "bomba-relógio" para aqueles que têm esses genes específicos. Não há cura, mas como é definida como uma doença, ela requer um tratamento especializado por equipes de adicção e centros de reabilitação liderados por especialistas médicos e psiquiátricos, e exige que a abstinência seja a única opção para a recuperação em longo prazo. As prioridades de pesquisa giram ao redor de isolar os genes culpados a fim de desenvolver tratamentos médicos. Porém, como o neurocientista e psicólogo de desenvolvimento Marc Lewis (2015) aponta, *todos* os aprendizados mudam o cérebro, e a adicção pode ser mais bem entendida como um hábito disfuncional e compulsivo. Ele e muitos outros argumentam que o modelo de doença se tornou um problema e, na verdade, é um obstáculo à recuperação.

Por que o modelo de doença é tão problemático? No início, ele trouxe alívio e compaixão, e muitas pessoas que lutaram contra o vício em álcool e drogas, em especial, o veem como parte de sua identidade. *Eu tenho uma doença, não sou uma pessoa ruim, não é minha culpa*. Ele ainda fornece uma explicação às famílias desesperadas que querem entender um comportamento que pode parecer incompreensível. Na extremidade mais severa do espectro da adicção, as mudanças cerebrais causadas por décadas de abuso de drogas e de álcool, além de décadas igualmente tóxicas (se não mais) de desnutrição, pobreza, saúde mental ruim e negligência consigo mesmo, podem se tornar irreversíveis. A recuperação dessa posição extrema é mais longa e mais difícil e provavelmente exigirá apoio de especialistas. Isso não é o sinal de uma doença? Embora os debates intermináveis sobre a classificação da adicção possam parecer academicistas, sem relevância para as experiências pessoais de muitos indivíduos, vale a pena considerar por que alguns aspectos do modelo de doença são prejudiciais. O modo como definimos o vício influencia seu tratamento. Entender as falhas do modelo de doença nos permitirá passar para um modelo mais capacitador e baseado em evidências, que não reduz o comportamento complexo apenas à nossa biologia.

DESAFIANDO O MONOPÓLIO DO MODELO DE DOENÇA

Se a adicção é uma doença, ela é única na questão de que algumas de suas consequências são criminalizadas e de que os que sofrem com ela são punidos de uma maneira que não seria aceitável para nenhuma outra doença física. Os rótulos diagnósticos são úteis para possibilitar a comunicação e o planejamento de tratamentos. Por exemplo, se o único modo de acessar o tratamento é recebendo um diagnóstico médico, você pode ver por que o rótulo vale a pena. Contudo, ver a adicção como uma doença também pode aumentar o estigma. Diagnósticos de problemas mentais e emocionais levam a suposições de que as pessoas que experimentam essas condições são menos previsíveis, menos em controle e menos responsáveis por suas ações (Buchman & Reiner, 2010). E o que isso faz com aqueles que têm a "doença"? Para alguns, como já discutido, isso pode ser um alívio e uma explicação para comportamentos e situações que podem parecer incontroláveis e avassaladores. Isso pode fornecer uma identidade positiva como um "dependente" ou um "alcoólatra", que oferece uma conexão com outras pessoas em grupos similares, como os programas de 12 passos semelhantes ao dos Alcoólicos Anônimos (AA). Para outros, isso pode pendurar um rótulo indesejado ao redor de seu pescoço, do qual é difícil se livrar, e reforçar a dicotomia já existente "nós-eles". Embora a metadona, por exemplo, seja uma parte importante do tratamento de drogas e possa sustentar a estabilidade e reduzir o dano, aqueles que a tomam sob supervisão em uma farmácia, algumas vezes, descrevem sentir-se como "párias . . . cidadãos de segunda classe . . . ela o exclui da sociedade". O ato de precisar da metadona, um medicamento prescrito, tornou-se estigmatizante por si mesmo.

Esse modelo também distorce nossa compreensão da adicção para a extremidade mais severa do espectro, o que alimenta o pessimismo em relação à recuperação. Cerca de 10% dos 250 milhões de pessoas em todo o mundo que usavam alguma droga ilegal em 2013 tinham problemas com seu uso (UNODC, 2015), um número que se mantém nos diversos tipos de comportamento de dependência. Isso não diminui a gravidade da adicção, mas é importante reconhecer que esta não é norma, mesmo quando há exposição a comportamentos ou experiências que poderiam ser viciantes. Pode ser surpreendente saber que a recuperação da adicção é a norma, e quase todas as pessoas acabam parando ou reduzindo os comportamentos de dependência por si mesmas ou com o apoio de suas relações sociais e seus recursos pessoais. Muitos são capazes de continuar usando sua substância preferida, mas de um modo mais controlado e menos danoso. Esse é um desafio ao mantra do AA: "uma vez um alcoólatra, sempre um alcoólatra" (AAUK, 2017). A American National Epidemiologic Survey on Alcohol and Related Conditions (NESARC – pesquisa epidemiológica nacional estadunidense sobre álcool e condições relacionadas) pesquisou 4 mil pessoas que tinham um histórico de dependência do álcool e descobriu que metade havia se tornado abstêmia ou reduzido substancialmente a quantidade de bebida no ano anterior. Outros 25% tinham melhorado um pouco, e entre todos que haviam reduzido sua bebida, apenas 25% haviam buscado ajuda especializada. A maioria se recuperou e fez isso sem tratamento formal (Dawson et al., 2005). Isso não se aplica apenas ao álcool. A grande maioria das pessoas dependentes de nicotina, maconha e cocaína também para de usar sem tratamento (Lopez-Quintero et al., 2011), e "números significativos" de pessoas viciadas em opiáceos se recuperam naturalmente (Waldorf & Biernacki, 1981).

Então, o que causa essa recuperação natural? Nas décadas de 1960 e 1970, houve sugestões de que as pessoas que foram tratadas para vício em heroína recuperavam-se aproximadamente na mesma taxa daquelas que se recuperavam sem tratamento. Aqueles que se recuperavam espontaneamente (sem tratamento) tendiam a ter uma autoestima mais alta, melhores relacionamentos familiares e níveis mais elevados de realizações educacionais – recursos internos e externos agora descritos como "capital de recuperação" (White & Cloud, 2008). Avancemos para o presente, e agora sabemos que a maioria das pessoas dependentes de uma diversidade de substâncias simplesmente amadurece e deixa de usar por volta dos 30 anos, embora a maioria tenha algumas tentativas fracassadas antes de conseguir parar (Lopez-Quintero et al., 2011). Se a adicção é uma doença crônica e de recaídas, como isso é possível? As pessoas que deixam de usar dizem que a vida se torna mais importante que o vício. É como se houvesse um cabo de guerra entre o comportamento de dependência e outros objetivos desejados para a vida como ser pai, ser um parceiro ou ter um bom trabalho e mantê-lo. No caso daqueles que se afundam ainda mais na adicção, um exame de suas histórias mostra alguns dos fatores que contribuem para isso. A vida deles tende a ser complicada por dificuldades de saúde física ou mental, eles têm menos conexões sociais saudáveis, têm menos anos de escolaridade e ganham menos. As pessoas em relacionamentos estáveis param de usar antes de seus amigos solteiros, um indicador incomum de recuperação de uma doença. Existem também razões mais práticas, como a acessibilidade e a disponibilidade das substâncias e o quanto elas são aceitáveis em seu grupo de amigos, das quais falaremos mais no Capítulo 3. Assim, apesar de difícil e com escorregões inevitáveis ao longo do caminho, a recuperação da dependência é a norma, muitas vezes sem apoio de serviços de tratamento. Embora a dependência grave muitas vezes seja crônica, e provavelmente existam muitas recaídas antes de quebrar o hábito, essa é uma extremidade de um espectro e não toda a história.

O modelo de doença tende a incentivar uma abordagem "eles e nós". Os médicos e profissionais de saúde veem os pacientes para fornecer tratamentos específicos para os problemas diagnosticados e, se eles aderirem ao tratamento e fizerem o que os profissionais dizem, então devem melhorar. Esse é um modelo ideal para muitas doenças físicas, para as quais os diagnósticos levam a decisões de tratamento efetivas. Isso também funciona bem com as pessoas que têm adicções graves e precisam de atendimento coordenado para apoiar sua saúde física e mental a fim de atingir a estabilidade. Contudo, uma vez que a estabilidade foi atingida, o modelo médico pode ter dificuldade para ajudar as pessoas a se afastarem do rótulo da "doença", conforme as necessidades psicológicas e sociais se tornam mais prementes. Quando ficamos fisicamente doentes, queremos encontrar pessoas com o conhecimento para nos dizer como melhorar. E na maior parte do tempo, nós ouvimos e agimos conforme os conselhos que recebemos. Porém, nem sempre é útil nos vermos como destinatários passivos de tratamento. Na verdade, se quisermos mudar nosso comportamento, dar poder a algo externo a nós mesmos torna qualquer mudança resultante mais frágil, e não menos. O preditor mais forte da mudança do comportamento de dependência é a crença de que podemos fazer isso, conhecida como autoeficácia, em outras palavras, o quanto achamos que podemos ser efetivos (Bandura, 1977). O que acontece com nossa autoeficácia se nos rotularmos como "doentes" ou "enfermos"? Como nos afeta pensar que somos biologicamente predispostos a sermos viciados ou que temos uma "personalidade dependente"? O que acontece conosco se acreditarmos que somos doentes e precisamos depender de um serviço para nos auxiliar? Essas crenças enfraquecem o potencial para construir confiança em nossa capacidade de mudar e se desenvolver, e superar a dependência por outros meios. Quanto mais você se vê como um participante ativo em sua adicção, com escolhas a fazer a respeito de como as coisas serão, mais capaz você será de se afastar dessas compulsões.

Os sistemas diagnósticos de entendimento das dificuldades de saúde mental e adicção, como DSN-5 (APA, 2013) ou ICD-10 (WHO, 1992), fornecem uma linguagem comum para entender o que acontece quando nossa mente nos faz tropeçar e oferecem uma estrutura para abordar essas dificuldades. Porém, é difícil traçar a linha entre o que é "desordenado" e o que não é. Quando um comportamento compulsivo se transforma em um transtorno? E quando um comportamento é anormal? Mas só o que é socialmente aceitável é normal? Nossa terminologia para os problemas de saúde mental e de vício está repleta de palavras como "mal adaptado" e "disfuncional". Contudo, de uma perspectiva psicológica, até mesmo comportamentos incomuns podem ser compreendidos como altamente funcionais. Se você cresce em um ambiente em que a expressão emocional é desencorajada, torna-se funcional e adaptativo suprimir suas emoções. Quando essas necessidades emocionais exigem ser satisfeitas (como elas têm o costume de fazer), é funcional buscar maneiras de fazer isso que se encaixem nas regras ambientais que você aprendeu e nas oportunidades que estão disponíveis para você. Talvez você se embriague todos os fins de semana porque se sente socialmente ansioso sem o álcool. Você sabe que isso não lhe faz bem, mas não tem certeza de como quebrar o ciclo. Talvez você tenha começado a usar drogas porque todos os seus amigos faziam isso, e agora está usando regularmente. Comportamentos que se repetem um número suficiente de vezes se transformam em hábitos e, sob certas circunstâncias, esses hábitos podem escorregar para a adicção. Em que ponto isso se torna uma doença? A adicção não é algo que você tem ou não. É algo que se desenvolve em pessoas vulneráveis a isso, especialmente em pontos sensíveis de sua vida.

Uma última dificuldade enfrentada pelo modelo do vício como doença é a explicação de que a adicção é impelida em parte pela toxicidade das drogas e do álcool. As substâncias, em especial as drogas que provocam dependência, "sequestram" o cérebro e, assim, devem ser proibidas. Não existe uso de substâncias sem riscos, mas são as substâncias que causam o vício? E os outros tipos de comportamentos compulsivos e autodestrutivos que alguns de nós temos apesar das consequências negativas? Você trabalha até a exaustão porque se sente obrigado pelo dever ou porque é mais fácil do que encarar sua vida pessoal? Você come demais porque isso lhe dá um breve momento de conforto e contentamento? O que dizer de um relacionamento intenso, mas destrutivo, a que você continua voltando apesar de saber que deveria se afastar? Comida, relacionamentos, exercício, sexo, internet, dança, até Harry Potter – numerosas adicções comportamentais foram descritas na literatura de pesquisa. As vias cerebrais que se ativam em resposta à heroína fazem a mesma coisa em resposta a comidas com alto teor de gordura, criando manchetes memoráveis a respeito de o queijo ser tão viciante quanto o crack (Gutteridge, 2015). A publicidade e as empresas no sistema econômico capitalista incentivam ativamente a dependência de todo tipo de bens de consumo. O setor de videogames pesquisa e manipula nossas tendências à dependência a fim de nos manter presos a nossas telas. Os processos de dependência seguem as mesmas vias, independentemente do objeto da dependência, e embora o uso de drogas ilícitas seja criminalizado, a descida do uso de drogas para a adicção tem paralelos com o desenvolvimento de outros comportamentos de dependência. O professor de psicologia canadense Bruce Alexander (2008) refletiu isso em sua definição de adicção: "envolvimento avassalador com qualquer atividade (incluindo drogas ou álcool, mas não se limitando a eles) que seja prejudicial para a pessoa viciada, a sociedade ou ambas" (p. 29).

Nosso entendimento do vício foi corrompido pelo estigma e pela discriminação a partir dos quais ele se desenvolveu, confundindo moralidade e medicina. O modelo de doença isoladamente não é suficiente para entender ou tratar o vício com eficiência e, muitas vezes, exacerba o problema ao promover modelos de tratamento passivos e controladores, em vez de modelos empoderadores e baseados nos pontos fortes, deixando de promover a recuperação e patologizando o sofrimento emocional. Ele trouxe compaixão e uma abordagem científica ao tratamento do vício em álcool e drogas em especial, mas em um clima social e político que criminaliza a dependência de drogas, é impossível mudar o estigma. O modelo biomédico e os tratamentos desenvolvidos com esse modelo precisam ser mais bem integrados com os modelos psicológico e social a fim de oferecer uma compreensão abrangente da adicção e intervenções efetivas e integradas. Existem muitos caminhos para a adicção e, a fim de compreendê-la melhor, precisamos considerar como a biologia, a psicologia e nossos ambientes sociais interagem, e entender como cada um de nós encontra sentido em nossas experiências.

2

O VÍCIO É UMA ESCOLHA?

É verdade que o cérebro muda como resultado de comportamentos de dependência, mas isso não é necessariamente um marcador de doença. Em seu livro *The Biology of Desire*, o neurocientista e professor de psicologia Marc Lewis indica que essas mudanças cerebrais estão associadas a todos os tipos de aprendizagem, e o cérebro é preparado para mudar mais rapidamente em resposta a suas experiências mais desejáveis e envolventes, positivas ou negativas. Ele muda em resposta a todas as experiências que tivemos, começando antes de nascermos. No caso da adicção, essas mudanças levam a comportamentos que parecem incompreensíveis. Por que alguém decidiria fazer algo que é tão obviamente ruim para si, e fazer isso repetidamente? Por que essas pessoas não param simplesmente ou não dizem não? As pessoas escolhem ser viciadas? Essas perguntas podem ser especialmente difíceis para membros da família e amigos próximos de pessoas com adicções, pois eles também enfrentam a carnificina deixada na esteira do vício. Como de costume, as respostas são complicadas, mas começam a fazer sentido quando você entende um pouco sobre o modo como nosso cérebro trabalha para nos guiar e nos motivar. Quanto mais repetimos padrões de comportamento, mais habituais eles se tornam e, por fim, mais automáticos. Isso é mais eficiente e libera recursos cognitivos para outras coisas. A adicção pode ser vista como uma forma extrema desse processo natural, e este capítulo vai explicar esse processo passo a passo.

COMPREENDENDO A ARQUITETURA DE NOSSO CÉREBRO

Nosso cérebro cria as vias de tudo que fomos e tudo que fazemos – todas as nossas memórias e experiências estão mapeadas nas dobras dele. Um modo simples de entender o cérebro é considerá-lo em três camadas. O profundo cérebro subcortical, o mais antigo em termos evolutivos, é um pouco como um cérebro reptiliano, responsável por luta, fuga e, pois é, acasalamento, além das funções básicas corporais como respiração e controle de temperatura; supervisionando nossos impulsos, instintos e necessidades básicos. A próxima camada é mais mamífera, um pouco parecida com o cérebro de um lobo. Os lobos sentem, se comunicam, brincam, aprendem e têm fortes conexões sociais com sua matilha porque os vínculos maternos e da matilha são essenciais para a sobrevivência. O sistema límbico faz parte dessa "camada" do cérebro, em que se localizam nossas emoções e nossa memória, coordenando essas funções com sensações e processos de pensamento mais elevados para avaliar nossos ambientes e elaborar respostas. Algumas vezes, ao brincar com crianças pequenas, você pode ficar pensando o quanto nós de fato evoluímos em relação aos animais de matilha, com as brincadeiras bruscas, a agressão rápida e o retorno ao amor e à afeição igualmente rápido. Finalmente, a parte mais recentemente evoluída do nosso cérebro é o córtex. Essa é a parte de nosso cérebro que nos torna humanos, com a capacidade de refletir sobre nossa experiência, imaginar vários futuros e estabelecer metas para nós mesmos, pensar e resolver problemas complexos. Em conjunto, muitas dessas funções são conhecidas como "funções executivas", pois elas atuam como o diretor executivo do cérebro, coordenando outras funções em capacidades e comportamentos complexos. Essas capacidades permitem que nos adaptemos a todos os climas da Terra, e a alguns além dela, graças a proezas tecnológicas, imaginação e persistência em face dos intermináveis desafios, bem como nos permitem encontrar maneiras cada vez mais inventivas e horrendas de destruir nossos ambientes e uns aos outros. Nós não somos nada senão inovadores: "em um nível, não mais que carne; e, em outro, não mais que ficção" (Broks, 2003, p. 63).

Nosso cérebro não foi planejado em um pacote organizado e coordenado, mas evoluiu durante milênios para nos dar duas maneiras-chave de processamento de informações. Uma é mais lenta, consciente e reflexiva, usando as partes frontais do nosso cérebro (parte do córtex descrito anteriormente), dirigindo a atenção como a luz de uma tocha, de modo que damos atenção àquilo sobre o qual a luz está brilhando. Depois, existe uma rota mais rápida, impulsiva e "tosca", que controla muitos processos inconscientes ligados a emoção e motivação, em que estão envolvidas as partes cerebrais mais profundas e antigas do cérebro reptiliano e do sistema límbico (lobo). Os processos inconscientes estão sempre em operação porque essas partes do cérebro estão envolvidas em funções cruciais para a sobrevivência. Isso significa que eles podem às vezes distrair e passar por cima da atenção consciente e sequestrar as respostas mais lentas de modo a nos vermos agindo antes de estarmos completamente conscientes disso. Como resultado, nosso cérebro pode parecer um pouco "atrapalhado" e, às vezes, podemos nos sentir como se estivéssemos sendo puxados em várias direções diferentes por causa de metas, desejos ou necessidades em competição. Pense nos sentimentos complicados subjacentes a todos os hábitos que consideramos "ruins", quando queremos algo que sabemos que não deveríamos ter ou fazer. Essas "atrapalhações" nos tornam irracionais, algumas vezes imprevisíveis e maravilhosamente complicados, tudo parte inteiramente normal de ser humano. E nessas falhas estão algumas respostas relativas ao modo como a adicção pode se desenvolver e se estabelecer, especialmente se nos concentrarmos nos sistemas cerebrais que governam a motivação, a gratificação e a aprendizagem.

COMO OS COMPORTAMENTOS SE TRANSFORMAM EM HÁBITOS

Desde antes do nascimento, nosso cérebro está crescendo e aprimorando vias e redes em resposta ao ambiente e à nossa interpretação dele. Nosso cérebro muda durante toda a vida, embora existam surtos de desenvolvimento na primeira infância, na adolescência e aos 20 e poucos anos. Nossas experiências moldam o cérebro, e o cérebro molda nossas experiências posteriores, em um *loop* de *feedback* que dura por toda a vida. O que acontece no seu cérebro quando você está aprendendo? Quando você tem uma nova experiência, os neurônios em todo o cérebro são ativados quase em conjunto uns com os outros, registrando as associações com essa experiência específica para ajudar a guardá-la na memória. Essa descoberta foi feita pelo psicólogo Donald Hebb na década de 1940, e é por isso que esse tipo de aprendizagem "associativa" também é conhecido como aprendizagem hebbiana (Hebb, 1949). Quanto mais vezes fazemos alguma coisa, mais eficiente fica a conexão entre os neurônios envolvidos, e isso finalmente é gravado na arquitetura biológica de nosso cérebro. Nossas experiências mudam nossa biologia.

As mudanças cerebrais associadas com a aprendizagem são mais rápidas e mais fortes quando impelidas por emoções fortes, e isso é especialmente verdadeiro nos pontos vulneráveis de nosso desenvolvimento, como a infância, a adolescência e os 20 e poucos anos. Como Marc Lewis (2015) descreve, "quanto mais novo, mais atraente e mais envolvente algo é, mais prováveis são as mudanças no cérebro, e mais provável é que essas mudanças se condensem em hábitos" (pp. 32-33). Um comportamento se torna significativo para nós de uma maneira forte e emotiva; nós o repetimos e repetimos, e quanto mais o repetimos, mais habitual ele se torna. Isso vale para pensamentos e também para ações: quanto mais pensamos de um modo específico, mais provável torna-se que nossos pensamentos escorreguem para esse padrão familiar novamente no futuro, em especial se ele for emocionalmente significativo. Digamos que você vá a uma festa quando é adolescente. Você entra e vê um garoto de quem realmente gosta. Ele vem falar com você; você fica corada e não consegue pensar em nada para dizer, gaguejando na conversa até que ele se afasta. Você sente um calor de vergonha e pensa consigo mesma: "Eu sou tão estúpida! Por que ele gostaria de mim? Ele vai pensar que eu sou uma idiota". Os neurônios são ativados e se conectam. Mais tarde, quando chega em casa, você repassa a cena em sua cabeça, fortalecendo essas conexões e assim, na próxima vez que você vir o garoto, uma via foi definida e você está pronta para se preocupar.

Se você tiver uma experiência similar, essa via se torna ainda mais forte, influenciando sua tendência a esperar constrangimento na companhia desse garoto. Se o encontro for bom, a via se altera para refletir isso, atualizando e ampliando a rede. Neste breve exemplo, você pode ver como a aprendizagem se difunde para muitas partes diferentes do cérebro: as áreas corticais envolvidas em visão e audição, as áreas límbicas da amígdala (emoção) e o hipocampo (memória), o corpo estriado (motivação e recompensa) e o córtex pré-frontal (pensamento e planejamento).

O comportamento é moldado por meio do jogo de recompensas e punições. Se você fosse a pessoa na festa, a punição da vergonha poderia potencialmente moldar o modo como você se comporta com aquele garoto, com os garotos em geral, em festas futuras e a maneira como você se sente sobre si mesma. Se você tivesse acabado de aprender a andar de bicicleta, a recompensa da alegria de sua realização poderia direcionar seu comportamento para andar mais de bicicleta ou para mais confiança em sua capacidade de aprender. Se você já estudou psicologia, provavelmente já encontrou o psicólogo comportamental Burrhus Frederic Skinner, geralmente conhecido como B. F. Skinner, cujos experimentos exploraram o que ele chamou de "condicionamento operante". Essencialmente, o comportamento pode ser reforçado, ou aumentar em frequência, se isso levar a uma recompensa (chamada de reforço positivo) ou à remoção de algo aversivo (chamada de reforço negativo). Skinner também descobriu que se as recompensas forem dadas intermitente ou imprevisivelmente, o comportamento aumenta mais e persiste por mais tempo do que se as recompensas forem dadas a intervalos regulares. Os seres humanos se comportam de um modo muito parecido com os pombos e os roedores que participaram dos experimentos de Skinner. Quanto mais imprevisível for a recompensa, mais provável será repetirmos um padrão específico de comportamento. As máquinas caça-níqueis são planejadas para pagar pequenas recompensas com certa frequência, recompensas médias ocasionais e ganhos milionários muito raramente. Os pequenos ganhos são programados para acontecer aleatoriamente, mas com frequência suficiente para fazer você querer continuar jogando: um projeto de tanto sucesso que a maior parte da receita de cassinos agora vem dos caça-níqueis, e para aqueles que se viciam em jogar neles, a dependência ocorre três a quatro vezes mais rápido que com outras formas de jogo (Breen & Zimmerman, 2002).

A região do cérebro mais comumente associada com recompensa, motivação e adicção é o corpo estriado, chamado assim pelo anatomista e "fundador da neurociência clínica" Thomas Willis, em 1664, porque é listrado ou "estriado". Quando estamos decidindo o que fazer, precisamos considerar o resultado provável de nossa ação, escolher como agir e mudar nosso comportamento dependendo do resultado da nossa ação. Decisões complexas envolvem muitas regiões cerebrais, mas as conexões convergem ao corpo estriado, que precisa saber o que queremos e decidir se vale ou não a pena. Uma parte do corpo estriado ventral (a parte inferior do corpo estriado, chamada assim porque ficaria no lado da barriga, ou ventral, de um animal de quatro patas) chamada de núcleo accumbens está intensamente conectada a outras regiões do cérebro: os lobos frontais que gerenciam significado e expectativa, e também controlam impulsos; a estação de alarme emocional da amígdala; o córtex insular que traduz os estados internos (como experiência da dor ou anseios) em experiências conscientes; áreas motoras que governam ação; e circuitos de memória cortical e subcortical. O núcleo accumbens concentra atenção, percepção, significado e ação, e com motivação suficiente pode nos mandar com toda a concentração atrás de um objetivo intensamente desejado. Como isso funciona na ação? Imagine que você está trabalhando há algumas horas; você pode sentir sua concentração começando a diminuir e, de repente, percebe que está com fome, graças ao trabalho da ínsula para trazer esse estado à consciência, que se segue com um rápido anseio por açúcar. O núcleo accumbens se lança em ação. Você *quer* comida. É um impulso agudo. Memórias e pensamentos de refeições começam a surgir das áreas corticais, seu córtex frontal começa a pensar no que você tem na geladeira e planejar receitas, a amígdala envia a você uma sacudidela – "ah, não!" - quando você percebe que esqueceu de fazer compras. A lembrança do pacote de bolacha no armário passa pela sua mente. Projeções do núcleo accumbens para o córtex orbitofrontal (OFC: a parte inferior do seu córtex pré-frontal) ativam essa parte de seu cérebro para pesar suas opções, avaliando os valores relativos de emoção e expectativa. "Eu deveria comer algo saudável, estou cuidando do meu peso, mas estou trabalhando duro. Não posso parar muito tempo... Vou só fazer um lanche e comer direito depois." O núcleo accumbens recebe essa informação e estreita sua atenção; seu anseio é ampliado, e isso guia seus pensamentos para se dar permissão, e um padrão de ação é escolhido. Você pega as bolachas e come uma enquanto volta ao trabalho, depois de cinco minutos metade do pacote se foi.

Todo esse processo é alimentado pela dopamina, um neurotransmissor frequentemente mal-entendido, que é liberado por uma área no mesencéfalo chamada área ventral tegmental, ativando o núcleo accumbens e desencadeando uma cadeia de "desejos". Os pesquisadores inicialmente pensavam que a dopamina era a "substância química do prazer", porque ela parece ser liberada em resposta a uma gratificação ou algo associado com uma recompensa. Porém, acontece que a dopamina também é liberada em resposta à punição e também imediatamente antes de uma recompensa ser recebida, se ela tem sido liberada de uma maneira previsível e repetitiva. Uma quantidade maior é liberada se as recompensas são dadas de maneira intermitente e imprevisível (Berridge & Kringelbach, 2008). O que acontece em nosso cérebro aqui? Pesquisas recentes nos deram uma compreensão com mais nuances de como essa substância química funciona em colaboração com outros sistemas e neurotransmissores para guiar a expectativa. Nós somos contadores de histórias e gostamos de encontrar padrões em nossa vida para nos ajudar a encontrar sentido em um mundo muitas vezes imprevisível. Passamos tempo em "viagens mentais no tempo" e em "previsão do futuro" e o que agora sabemos é que a dopamina é liberada em resposta à *antecipação* da recompensa ou punição. Isso nos ajuda a aprender. Os maiores picos são encontrados quando uma expectativa foi realizada, ou um padrão foi reconhecido, diante da alegria da realização e do conhecimento de que um objetivo foi atingido. Um exemplo disso vem de algumas pessoas com adicção a heroína com quem eu trabalhei na Escócia, que falaram sobre a urgência com que buscavam a droga, algumas vezes afundando-se pela neve profunda em áreas rurais para chegar ao traficante enquanto "sacudiam" ou experimentavam sintomas de abstinência de heroína, como suores, tremores e agitação. Seus sintomas desapareciam quase imediatamente não quando a droga estava em suas veias ou no cérebro, mas quando o saquinho plástico contendo a droga estava nas suas mãos.

A dopamina estimula a busca e a aquisição, a excitação e o poder, o "Eu fiz isso!", não a plenitude da recompensa.

Você se lembra da aprendizagem hebbiana? Além de impelir a motivação e a recompensa, a dopamina também tem um papel importante na formação de memória. Nossas lembranças do passado guiam nosso comportamento futuro, e é a liberação de dopamina que aprende quais recompensas estão associadas a quais comportamentos e imprime isso em nossas redes neurais. A dopamina muda as conexões em nosso cérebro, fortalecendo conexões aqui e podando outras ali. Quanto mais um comportamento é repetido, mais fortes as redes se tornam, e mais distribuídas também, conforme a dopamina junta e associa mais e mais pistas com a recompensa. Na pesquisa animal, quanto mais os ratos viam pistas que previam suas recompensas, e pistas que previam pistas que previam as recompensas, mais essas primeiras pistas ativavam o núcleo accumbens, o que significa que, com o decorrer do tempo, a atenção foi dirigida para a recompensa a partir do interior de círculos cada vez maiores, o fluxo da dopamina começou cada vez mais cedo e o anseio e o desejo pela recompensa se intensificaram. Isso foi estudado pelos pesquisadores Kent Berridge e Terry Robinson (2016), que chamaram esse processo de "sensibilização por incentivo". É um pouco como um redemoinho que fica cada vez maior, puxando todas as pistas associadas em seu fluxo e arrastando-as para seu centro. A cada vez que um novo estímulo é incluído no processo de busca da recompensa, ele é ligado à rede da dopamina, um processo a que Berridge e Robinson chamaram de "saliência de incentivo", e a dopamina marca esse estímulo como "Isso é importante! Preste atenção!" – de modo que uma cadeia de pistas é estabelecida e se afasta cada vez mais da própria recompensa, até que um certo número de pistas pode ativar a cadeia, mas todas levam ao mesmo resultado. Quanto mais pistas estiverem envolvidas, mais difícil pode ser resistir. Tudo aponta para a recompensa, então o resto da vida passa por esse filtro tendencioso.

Nosso cérebro é muito habilidoso na busca de padrões. Uma de suas falhas é associar ocorrências aleatórias, e assim impomos ordem ao caos. Isso nos torna criativos, mas também nos faz tender para a conspiração e a superstição. A associação de pistas aleatórias ajuda nosso cérebro a marcar experiências importantes e recompensadoras para que saibamos como encontrá-las de novo, e a se tornar tendencioso para as pistas que nos levaram a elas. E qualquer coisa pode se tornar uma "pista" ou um "incentivo saliente". Muitas pessoas que foram dependentes de heroína falam como o papel alumínio pode ativar os desejos alimentados por dopamina e o fluxo de memória e desejo que vem com esses desejos porque ele é usado para guardar e aquecer a droga antes de ser fumada; os rolos da fumaça através do papel deram origem à expressão "caça ao dragão". As experiências internas também podem ser pistas, como a ansiedade, ou a antecipação de lembranças ruins, de modo que uma experiência passageira pode ativar uma cadeia de eventos implacável. Quanto mais um comportamento específico é repetido, mais pistas aparentemente aleatórias podem desencadear a rede de recompensas, o desejo resultante e a busca da recompensa. Isso não é parte de uma doença nem um processo disfuncional por si mesmo; é só o modo como criamos hábitos.

A pesquisa de Berridge e Robinson é importante por muitos motivos, mas a mensagem principal do trabalho deles é o reconhecimento de que a adicção não tem a ver com a busca hedonista do prazer. O trabalho mostra que o "desejo" governado pela dopamina é desconectado de "gostar" e que, na verdade, os comportamentos de dependência são um reflexo de um querer sensibilizado, mesmo quando não se gosta mais da recompensa. Isso combina com a experiência das pessoas viciadas em drogas, álcool e, em alguns casos, em comida, jogos e outros comportamentos. No princípio, a recompensa pode trazer algum prazer, ou alívio da dor, mas conforme o comportamento se transforma em um hábito e se torna mais compulsivo, as pessoas se sentem obrigadas a buscá-lo, mesmo que saibam que não o desejam, nem mesmo gostam dele, mas estão sendo levados pelo vórtice e lutam para resistir.

COMO OS HÁBITOS SE TRANSFORMAM EM COMPULSÕES

Na maioria dos casos, esses hábitos não levam à adicção, mas algumas coisas a tornam mais provável. A primeira é a repetição, e o modo como a dopamina molda as vias de recompensa para seguir seus desejos com eficiência crescente, captando cada vez mais pistas associadas. Quando algo é desejado, depois adquirido, desejado, adquirido, a via da dopamina gradualmente se move da parte ventral, inferior, do corpo estriado para a parte dorsal (a parte superior, como a nadadeira dorsal de um golfinho) que governa respostas mais automáticas. Essa parte do cérebro liga as pistas com as respostas superaprendidas, tornando possível agirmos sem pensar e dificultando não agir quando queremos parar. É assim que os comportamentos começam como pensamentos conscientes, mas por meio da repetição se tornam cada vez mais compulsivos e difíceis de mudar. Para muitos pesquisadores e médicos, é aqui que um comportamento, independentemente do quão arriscado ou prejudicial tiver sido antes, cruza a linha invisível para a adicção (Everitt & Robbins, 2013). Neste ponto, mesmo se você não quiser agir, e estiver tentando não agir, a compulsão é forte e a rede crescente de pistas o leva ao início da ação antes mesmo que você perceba isso. Essa é a parte do vício que algumas vezes é difícil de entender, o senso de que "isso simplesmente aconteceu", "quando dei por mim, eu já estava lá", quando pode parecer que não há gatilhos óbvios nem planos para agir porque eles não eram inteiramente conscientes.

De modo geral, é útil para nós termos hábitos que sejam inconscientes. Isso libera energia de processamento e significa que os padrões de comportamento que são repetidos frequentemente não precisam ser conscientemente planejados e atuados todas as vezes. Um plano é desencadeado e acontece automaticamente. Você dirige da mesma maneira todos os dias para o trabalho, e um dia pega o mesmo caminho pretendendo virar para ir à casa de um amigo, mas de repente percebe que está a caminho do trabalho e perdeu a sua saída. Seu cérebro percebeu as dicas que evocam o "algoritmo dirigir para o trabalho", como sair na mesma hora, pegar o carro e ouvir sua estação de rádio favorita, e o enviou para sua rotina automática porque você não estava prestando atenção. Isso não é anormal ou patológico. É só uma distração, um sinal de que nossa mente consciente vagou para outras paragens, deixando sua programação inconsciente para seguir suas sequências superaprendidas. Continuar em um caminho comportamental específico diante de consequências negativas pode ser adaptativo e nos ajudar a sobreviver. Se alguns de nós não fôssemos impelidos pelo amor e pelo dever a trocar fraldas, acalmar crianças com raiva e suportar noites insones, poderíamos nunca decidir ser pais. Na verdade, as regiões cerebrais envolvidas na motivação e na recompensa são as mesmas envolvidas na formação de vínculos, relacionamentos e amor. Obsessão, ruminação, negligência de outras partes de nossa vida e desejo de continuar em um caminho específico podem indicar amor, além de adicção.

O segundo fator é a motivação, e as mensagens que recebemos de nossa amígdala e do córtex orbitofrontal (OFC). Quanto desejamos essa recompensa? Quanto precisamos disso? O que isso nos dá que nos impede de chegar a outro lugar? Nas primeiras vezes que buscamos uma recompensa específica, o significado da experiência é vital. A repetição e a regularidade da antecipação intensificam o desejo e estreitam a atenção, mas isso acontece mais rapidamente e com um maior impacto quando a recompensa se aplica a algo de que precisamos profundamente. Nossas emoções dão energia ao modo como aprendemos, sinalizando as coisas que são vitais para nossa sobrevivência, e é aqui que os vínculos entre o corpo estriado, a amígdala e o OFC, que Marc Lewis (2015) descreve como o "núcleo motivacional do cérebro" (p. 81), realmente entram em ação. A amígdala nos diz como nos sentir sobre nossas experiências, pensamentos e sensações, e o que fazer a respeito disso. Isso dirige atenção para a fonte da emoção, ampliada pelo OFC, que adiciona alguma análise e pesa as recompensas e os riscos e, depois, envia a mensagem para outras partes do córtex pré-frontal que adicionam reflexão e deliberação detalhadas. Se houver muitas recompensas emocionais em jogo, o pensamento se transforma em obsessão, a deliberação se transforma em ruminação, e fica mais difícil afastar a atenção do objeto da recompensa.

Apesar de tudo isso, a maioria das pessoas que usa drogas, bebe álcool, come alimentos gordurosos ou persegue maus hábitos faz isso sem se viciar, mesmo que em muitas situações nós preferíssemos comer menos bobagens ou passar menos tempo no Facebook. O que acontece com o "botão desligar"? A parte do cérebro que inibe os impulsos do núcleo motivacional é o córtex pré-frontal dorsolateral (DLPFC), mas, conforme o impulso se transforma em compulsão, ele pode apresentar problemas. Os estudos de imageamento do cérebro têm mostrado que o DLPFC é mais ativo nos primeiros estágios do comportamento repetitivo e motivado, mas com o tempo seu controle sobre o núcleo motivacional pode falhar e, em adicções de longo prazo, se fragmentar (Goldstein & Volkow, 2011). Nosso mecanismo de controle consciente é desconectado. É por isso que os hábitos antigos são tão difíceis de romper, porque quanto mais compulsivos forem, menos abertos ao controle consciente eles se tornam. Em vez de seu cérebro ser sequestrado pelas drogas, é como se seu mesencéfalo sequestrasse seu DLPFC. Não está inteiramente claro por que isso acontece. Uma teoria é que isso é uma parte do mesmo processo da aprendizagem hebbiana, uma vez que a redução no uso dessas conexões leva a um corte das sinapses envolvidas, o que aparece nas imagens do cérebro como "massa cinzenta reduzida" nessa área. Sabemos que essa redução na massa cinzenta não é devida ao dano causado pelo uso de drogas, pois as mesmas redução e mudanças cerebrais também aparecem nas pessoas que comem demais, e experimentam os mesmos problemas com compulsão e diminuição do autocontrole (Smith & Robbins, 2013). Na maior parte do tempo, o DLPFC equilibra o sistema de recompensas motivacionais, de modo que, quando somos levados a repetir um comportamento bem aprendido, ele será capaz de brecar o comportamento. Porém, esses sistemas desenvolvem desequilíbrios por diversas razões, explicadas mais detalhadamente no próximo capítulo.

Outra teoria é que a supressão consciente diminui a força de vontade, processo conhecido como "esgotamento do ego" ou "fadiga do ego", no qual, essencialmente, quanto mais você se esforça por afastar anseios e impulsos, mais sua força de vontade se desgasta, até que ceder parece inevitável (Baumeister et al., 1998). As tentativas de supressão consciente só enfraquecem o autocontrole. Essencialmente, "apenas diga não" não funciona uma vez que o processo de sensibilização de incentivo esteja dominando sua atenção e dirigindo suas ações. Os processos impulsivos "toscos" capturam a atenção e a dirigem para as pistas de gratificação, desencadeando o comportamento enquanto os processos mais lentos e mais reflexivos ainda estão correndo atrás. Uma vez que esse processo tenha sido atuado, é mais difícil que as demandas conscientes – "Pare!... Não faça isso!" – controlem o comportamento. Marc Lewis (2015) indica que mudar a perspectiva e recontextualizar seu estado emocional evita essa diminuição do autocontrole: "Em vez de se prender ao mastro para resistir ao canto das sereias, você precisa reconhecer as sereias como precursoras da morte e recontextualizar seus cantos como ruído de fundo" (p. 185).

Suspeito que a maioria de nós pode pensar em um momento em que tentamos muito não fazer algo, nos distraímos, fechamos os olhos e percebemos que só conseguimos pensar no que tentamos evitar. É assim que nossa mente funciona: tente o máximo que puder não pensar em um urso polar e a própria palavra evoca as imagens, os pensamentos e as associações que você tem com esse animal. Quando o DLPFC se desconecta de nosso núcleo motivacional, somos deixados apenas com técnicas mais infantis para suprimir nossos impulsos, e então pode parecer que estamos em luta conosco – "Eu quero, eu quero! Não, você não pode!" – até que, em muitos casos, cansamos e cedemos a nós mesmos. Nós também podemos notar que tendemos mais a sucumbir quando já estamos cansados ou estressados, ou quando outras coisas não são como gostaríamos que fossem, e o alívio, a diversão ou a fuga significam muito mais. Em termos cerebrais, quando estamos vulneráveis ou com a guarda baixa, as recompensas podem ser mais "salientes do ponto de vista motivacional", e nós tenderemos mais para as pistas que sugerem sua disponibilidade. Isso foi exemplificado na década de 1960 pelo Stanford Marshmallow Test, planejado por Walter Mischel e sua equipe (1989) para estudar a gratificação adiada em crianças. Diziam às crianças em idade pré-escolar que podiam comer um marshmallow imediatamente ou, se esperassem alguns minutos, poderiam comer dois. Milhares de vídeos no YouTube retratam as tentativas das crianças de se distrair, ignorando o marshmallow, tocando, cheirando, fingindo comer, apertando, mordiscando ou lambendo, ou, em especial no caso de crianças mais novas, algumas vezes cedendo à tentação. As coisas que queremos, especialmente aquelas que são emocionalmente salientes para nós (e marshmallows são muito salientes para crianças de 3 anos), capturam nossa atenção e saltam à nossa frente com um apelo imediato, um mecanismo conhecido como "desconto temporal" ou o que Marc Lewis descreve como "apelo do agora". Esse é outro resultado do aumento de dopamina no corpo estriado e no OFC, marcando o aparecimento de pistas que significam recompensa como se tivessem uma grande seta piscante em cima e fazendo as recompensas futuras parecerem insignificantes, por mais óbvias ou importantes possam ser para nós ou para os que nos rodeiam.

A COMPULSÃO PODE SE TORNAR UMA DOENÇA?

Quer você veja ou não o vício como uma doença, é claro que ele pode levar a diversas doenças físicas. O vício em comida está contribuindo para a "epidemia" de obesidade descrita no mundo ocidental, em especial nos Estados Unidos. Isso leva a uma gama de problemas de saúde, inclusive um aumento no risco de problemas cardíacos e AVC, definitivamente consequências que caem no campo da "doença". O uso de substâncias em longo prazo também aumenta o risco de muitos problemas de saúde mental e física, um fator tanto do estilo de vida que pode acompanhar o uso da substância quanto das próprias substâncias. O uso de substâncias torna mais provável que soframos um traumatismo cranioencefálico (TCE), que então torna mais difícil controlar os impulsos e torna mais provável o comportamento futuro de risco (Corrigan et al., 1995). O uso crônico da maioria das drogas, associado à negligência consigo mesmo que pode acompanhá-lo, pode causar danos aos lobos frontais do cérebro, prejudicando o julgamento, o controle dos impulsos, a memória e o processamento emocional, e assim, com o tempo, as substâncias podem prejudicar diretamente a capacidade de controlar e alterar o comportamento (Fernandez-Serrano et al., 2011).

O impacto do álcool sobre o fígado é bem conhecido, com quase 1% de todas as mortes globais atribuíveis a doenças do fígado relacionadas ao álcool (Rehm et al., 2013), mas menos conhecido é o efeito de longo prazo que o uso pesado de álcool tem sobre o cérebro. Você provavelmente sabe algo a respeito do modo como o álcool pode afetar a memória. Se você ou alguém que você conhece bebeu demais, especialmente de estômago vazio, pode ter experimentado brancos de memória e uma sensação do tipo "ai, não, o que foi que eu fiz?", ou pode acordar e ver mensagens lamentáveis no celular e não se lembrar de tê-las enviado. Não deveria ser surpresa saber que o álcool reduz nossas inibições e prejudica nosso julgamento. Algumas pessoas bebem exatamente por isso. O uso pesado no decorrer do tempo, porém, pode levar a efeitos mais duradouros sobre nossas "capacidades cognitivas" ou sobre as capacidades de nosso cérebro para gerenciar memória, linguagem, capacidades perceptuais e as capacidades "executivas" do córtex frontal como planejamento e solução de problemas. Parte disso é resultado de deficiências de vitaminas, em especial de uma vitamina chamada tiamina, ou vitamina B1. Isso pode ter implicações significativas, incluindo o desenvolvimento da síndrome neurológica conhecida como síndrome de Wernicke-Korsakoff (WKS), um tipo de dano cerebral relacionado ao álcool. O impacto dessa síndrome pode ser sutil inicialmente, levando a alterações nas capacidades de planejar ou resolver problemas complicados ou novos. Esses problemas de "funcionamento executivo" são um pouco como o diretor executivo de uma empresa que se afasta por um tempo, deixando os subdepartamentos seguindo com as coisas sem qualquer supervisão. Embora as rotinas usuais provavelmente sejam realizadas, novas tarefas podem ser difíceis de gerenciar, e as coisas podem ficar mais desorganizadas e menos eficientes, com diversas partes da empresa puxando em direções diferentes até que tudo desabe em uma confusão. O problema é que essas capacidades são necessárias para notarmos um problema e mudar nosso comportamento para resolvê-lo; isso significa que, com o tempo, o uso pesado do álcool e a nutrição ruim podem impedir que você seja capaz de mudar seu comportamento ou até mesmo notar que precisa fazer isso (Brion et al., 2014). WKS pode não ser tão sutil algumas vezes, e o estágio inicial da "encefalopatia de Wernicke", caracterizada por alguns ou todos os sintomas como movimentos oculares involuntários ou paralisia ocular, problemas com equilíbrio e marcha, e dificuldades cognitivas, pode ser fatal se não for tratado com tiamina. Se não tratada, também pode levar à "síndrome de Korsakoff" secundária, que é mais bem conhecida por uma amnésia densa ou dificuldade em formar novas memórias, bem como os problemas de "funcionamento executivo" descritos anteriormente. A memória é o que mantém nossa história de vida. Nós a usamos para gerenciar nossos hábitos diários, para saber quem somos e para funcionar em sociedade. A perda da capacidade de memória pode ser arrasadora e levar a uma necessidade de cuidados em longo prazo.

As pessoas diagnosticadas com problemas de dano cerebral relacionado ao álcool ficam muitas vezes confusas pelo que aconteceu com elas porque o efeito do álcool sobre o cérebro não é amplamente conhecido, embora as implicações possam mudar uma vida. Quando você pergunta a pessoas diagnosticadas com problemas de dano cerebral relacionado ao álcool o que elas querem que os outros saibam, muitas vezes elas dizem que querem contar que isso pode acontecer. O álcool pode roubar sua memória e sua identidade se bebido em quantidades grandes o bastante, aliado a negligência com a dieta e com outras necessidades básicas. A boa notícia é que esses problemas são inteiramente preveníveis se você cortar o álcool para dar a seu cérebro uma chance de se recuperar e fizer uma dieta rica em tiamina, além de acessar a ajuda disponível. Quanto antes os problemas forem enfrentados, melhores as chances de recuperação. Cerca de 75% das pessoas que desenvolvem dificuldades terão pelo menos alguma recuperação (Kopelman et al., 2009).

O VÍCIO É UMA ESCOLHA?

Como aprendemos, os comportamentos habituais sempre começam com uma escolha. Porém, pelo modo como nosso cérebro aprende, com repetição suficiente e importância emocional, as ações se tornam mais automáticas e menos abertas ao controle consciente. Você sabe que existem alternativas, mas elas são difíceis de agarrar. No caso dos comportamentos de dependência, nossos cérebros nos enganam para escorregar por uma ladeira que é cada vez mais difícil de evitar. Conforme o controle diminui, podemos ainda dizer que estamos fazendo uma escolha? Mesmo em casos de vícios graves, as pessoas não buscam seu objeto de vício o tempo todo. Isso pode levar a julgamentos sobre as intenções delas. Se podem parar de usar algumas vezes, então elas devem escolher usar em outras vezes, certo? Como de hábito, as respostas não são tão simples. O professor Carl Hart (2013a) e seus colegas demonstraram que as pessoas com adicção de longa duração a crack frequentemente escolhem dinheiro em vez de crack de qualidade farmacêutica quando estão diante dessa escolha em um ambiente residencial. Isso contrasta com as tempestades midiáticas sobre as drogas serem tão viciantes que escravizam as pessoas e as tornam loucas e fora de controle. Hart usa suas descobertas para argumentar que a escolha é possível dentro de alguns parâmetros, mas em comunidades desfavorecidas, em que existem poucas oportunidades, o uso de drogas – até mesmo o uso dependente – é uma alternativa racional. Considerando o que sabemos sobre a sensibilização de incentivo e o reforço comportamental, seria interessante repetir os experimentos de Hart em ambientes mais semelhantes à vida real, em que as pessoas com dependências têm maior probabilidade de estar rodeadas por pistas que as dirigem para o uso. O que aconteceria se a escolha fosse oferecida na casa da pessoa, na rua ou por um amigo em vez de um pesquisador? É provável que os resultados mostrem que a escolha é possível mesmo em uma adicção grave, mas os parâmetros podem se tornar cada vez mais estreitos com o aumento da compulsão e das dificuldades com autocontrole. Conforme os comportamentos de dependência continuam, eles também podem trazer perdas crescentes, vergonha e culpa, que podem se juntar ao conjunto de pistas e gatilhos e puxar o equilíbrio de volta para os padrões superaprendidos do comportamento de dependência.

Ninguém começa pretendendo se viciar, e assim, com o benefício do olhar retroativo, você poderia argumentar que a adicção nunca é uma escolha. Sabemos que o escorregão para a compulsão acontece gradualmente, e não existe uma linha divisória clara entre um comportamento e um vício. Também sabemos que, no decorrer do tempo, a balança dos custos e dos benefícios do uso torna-se distorcida na direção do comportamento de dependência, a escolha é altamente dirigida pela motivação, e a razão muitas vezes nem recebe uma olhada. É útil pensar no controle como um *continuum*, com controle total/superforça de vontade em um extremo e perda total de controle/automação compulsiva no outro. Podemos estar em diferentes pontos nesse *continuum* dependendo de muitas coisas diferentes, incluindo nosso estado emocional, se dormimos bem, nossa história, pressão social, como nos sentimos conosco mesmos, quantas pistas estão ligadas a um hábito específico, diversas coisas diferentes, muitas das quais podem não ser completamente conscientes. Nós podemos nos mover para um ou outro lado do *continuum* conforme esses fatores mudam e podemos estar em diferentes pontos do mesmo *continuum* para diferentes comportamentos. Existem muitas coisas que influenciam nossa posição nesse *continuum*, dentro e fora de nós, o que nos traz ao próximo capítulo.

3

SE AS DROGAS PROVOCAM DEPENDÊNCIA, POR QUE NEM TODAS AS PESSOAS SE VICIAM?

Se você cresceu com a mensagem "apenas diga não" da década de 1980, provavelmente absorveu crenças de que as drogas provocam muita dependência e prejudicam seu cérebro. Se fosse exposto a drogas pesadas, você poderia se viciar imediatamente. Você se lembra do comercial a respeito de seu "cérebro com drogas" chiando como um ovo frito? E a culpa era colocada completamente nos ombros daquelas substâncias ilegais e perigosas que precisam ser banidas para nos proteger de danos. Isso é compreensível de muitas maneiras, pois as mortes causadas por uso de drogas e adicções são claramente trágicas, e o uso de drogas ilícitas é sempre perigoso. Porém, existem também alguns problemas com essa abordagem. Se entendermos que os comportamentos de dependência seguem processos similares qualquer que seja o vício, culpar as drogas pela adicção a drogas começa a parecer um pouco confuso. O álcool é o responsável pelo alcoolismo? A comida é a culpada por comer demais e pela obesidade? Vimos as consequências da proibição do álcool, e não podemos proibir comida, então, como alinhamos isso com as mensagens que ouvimos sobre drogas como crack e heroína serem tão irresistíveis que você estará perdido se experimentar uma só vez?

As teorias sobre as drogas serem totalmente viciantes vêm de estudos com animais em laboratórios que se autoadministravam drogas como morfina, heroína e cocaína incessantemente sob determinadas condições, chegando em alguns casos a negligenciar comida e água até morrerem. O professor Bruce Alexander notou que os ratos em questão estavam engaiolados e isolados e questionou a interpretação desses primeiros estudos. Em 1977, ele reuniu uma equipe de pesquisadores e, em vez de colocar os ratos do laboratório em gaiolas pequenas e desoladas como as dos primeiros experimentos, construiu "acomodação em colônias" que incluía aparas de cedro, outros ratos e muitos cantinhos e fendas para se esconder, se aninhar e se divertir como ratos. Eles chamaram isso de "Parque dos Ratos". Esses estudos mostraram que os ratos que viviam em ambientes enriquecidos e sociais usavam pouca ou nenhuma droga, mesmo quando elas estavam livremente disponíveis. Não era a exposição às drogas que levava ao consumo compulsivo, mas o isolamento e a desconexão de um ambiente social saudável e gratificante (Alexander et al., 1978). Estudos posteriores mostraram que os ratos viciados em cocaína escolhiam aconchegar-se com companheiros do mesmo sexo em vez de mais cocaína, se pudessem fazer isso (Zernig et al., 2013). Os seres humanos, como os ratos, que levam vidas relativamente saudáveis e razoavelmente realizadas também tendem a não se viciar em drogas ou outras experiências. Na verdade, mesmo no caso de substâncias que costumam ser consideradas altamente viciantes, como heroína e crack, sabemos que pouco menos de 90% das pessoas são capazes de usá-las sem se viciar (UNODC, 2017).

Evidentemente, usar drogas nem sempre leva a adicção, do mesmo modo que comer, fazer sexo, fazer uma aposta e se exercitar nem sempre se tornam compulsivos. O que torna mais provável que uma pessoa se torne dependente e outra não? A adicção é algo que se desenvolve a partir de uma combinação específica de ingredientes: tem a ver com indivíduos vulneráveis vivendo experiências significativas em pontos especialmente sensíveis do desenvolvimento, dentro de um contexto específico que a mantém. As vulnerabilidades individuais são encontradas nos relacionamentos entre nossos temperamentos, ou nosso potencial genético, os ambientes emocional e cultural em que nascemos e o que fazemos disso. E existem características de certas experiências que têm mais probabilidade de nos prender, mas isso está longe de ser toda a história.

VOCÊ ESTÁ MESMO DIZENDO QUE AS DROGAS NÃO PROVOCAM DEPENDÊNCIA?

Não é que as drogas não provoquem dependência, mas muitas coisas podem provocar, considerando as circunstâncias certas, por exemplo, ser um rato isolado em uma gaiola de laboratório, sem nada por perto a não ser uma garrafa de água batizada com morfina. Voltando para a teoria da aprendizagem por um momento, a descoberta de Skinner do reforço intermitente mostrou que o potencial para desenvolver o comportamento compulsivo aumentava quando as recompensas eram entregues a intervalos imprevisíveis e variados. Além disso, o reforço intermitente também influencia o *efeito* da recompensa. Você se lembra de quando começamos a definir a adicção no primeiro capítulo e olhamos para a tolerância e a sensibilização? Muitas pessoas que usam substâncias ilícitas as tomam irregularmente, em doses variadas, em momentos variados e em locais diferentes, simplesmente em função da imprevisibilidade do acesso e da disponibilidade quando se usa drogas de rua. Esse padrão de uso funciona conosco do mesmo modo que funcionava com os pombos e os ratos de Skinner, sensibilizando a rede motivacional do cérebro para estar em alto alerta para qualquer pista de que a droga possa estar a caminho, aumentando os anseios e intensificando o "desejo" desse sistema de dopamina. Isso também é verdadeiro para dependências de objetos que não são drogas. E aqueles dentre nós cujo padrão de comportamento ao redor de um hábito ruim é restringir o acesso e, depois, ceder e se empanturrar em ciclos irregulares e variados estão provavelmente dificultando para si mesmos encontrar um padrão mais equilibrado de comportamento no longo prazo. Por outro lado, se as drogas são usadas em doses menores e previsíveis, a tolerância aumenta, de modo que uma quantidade maior da droga é necessária para se alcançar um efeito similar, e se for apenas usada seguindo um cronograma regular, o anseio começa a diminuir. É por isso que os tratamentos de substituição dos opiáceos (OST), como a metadona e a buprenorfina, funcionam, porque oferecem um regime de dosagem regulamentado e previsível que ajuda a acalmar o "desejo" do núcleo motivacional.

A outra razão pela qual os OSTs funcionam é porque as drogas de substituição têm uma meia-vida mais longa que a heroína (ou seja, saem do corpo mais lentamente). Uma das coisas que aumenta a sensibilização é um grande "pico" de recompensa que se desfaz rapidamente, aumentando a atração de outro pico, e outro e mais outro. Diferentes rotas de uso de droga são importantes aqui: quanto mais depressa uma droga chega ao cérebro, mais intenso o pico, então injetar uma droga coloca você em um risco mais elevado de que seu uso se torne viciante quando comparado a inalar uma droga (além de trazer riscos maiores à saúde). A cada repetição, as vias no centro de recompensa e motivação são fortalecidas, e o ciclo entra em espiral rapidamente, aumentando o desejo, enquanto o gostar se torna desconectado. Marc Lewis (2015) chama isso de "aprendizagem profunda" (p. 172), para refletir a intensidade e a rapidez mais elevadas do ciclo de aprendizagem. É por isso que as recompensas que oferecem um pico de alta intensidade, mas curta duração, são mais viciantes em pessoas que são vulneráveis à sua atração. A adicção a comida é mais provável com alimentos com alto teor de carboidratos, açúcares, sal e gordura, que são absorvidos rapidamente e dão um "pico" de açúcar no sangue (Shulte et al., 2015). As drogas estimulantes afetam diretamente a dopamina e, assim, levam a uma sensibilização mais intensa de desejo e a um gostar reduzido. É por isso que os tratamentos de substituição não funcionam de modo tão efetivo para a adicção a estimulantes (existe alguma evidência para intervenções psicológicas; NTA, 2010). A medicação estimulante pode funcionar para tratar o transtorno de déficit de atenção e hiperatividade (TDAH). Ao reduzir a impulsividade associada com o TDAH, o tratamento oportuno pode evitar dificuldades posteriores com os comportamentos de risco, inclusive uso de substâncias (Wilens et al., 2003).

É também por isso que alguns jogos de computador são tão viciantes; a capacidade de viciar de uma repetição altamente motivada do comportamento é bem entendida pelos designers de jogos. Muitos jogos e aplicativos são projetados para prender você, alimentar você com recompensas intermitentes e inesperadas, animar você com pequenos personagens felizes de história em quadrinhos, figuras coloridas que captam sua imaginação e o levam por níveis simples e concluídos rapidamente. Isso garante que você repita suas ações centenas de vezes por hora, até que seu corpo estriado faça seus dedos procurarem o jogo todas as vezes que você pegar seu celular, mesmo que seu córtex dorsolateral pré-frontal (DLPFC) esteja dizendo que você precisa deixar o celular, excluir o jogo e continuar a escrever o livro que está aumentando seus níveis de estresse!

Assim, rotas de uso mais rápidas, combinadas com padrões de uso imprevisíveis, aumentam a capacidade de viciar das substâncias. Além disso, os diferentes contextos de uso realmente mudam a experiência de usar a droga, descrita pelo influente psicanalista e psiquiatra Norman Zinberg quando cunhou a frase "*set and setting*". As pessoas aprendem como experimentar uma droga do mesmo modo que aprendem como interpretar outras experiências: com aqueles que as rodeiam. *Set* inclui expectativas, intenções e características pessoais do indivíduo, como personalidade e estado emocional. *Setting* é o ambiente, tanto físico quanto social, bem como as expectativas culturais ao redor da experiência da droga (Zinberg, 1984; Hartogsohn, 2017). As pesquisas nessa área inicialmente se concentraram na droga alucinógena LSD – descobrindo que as pessoas que tomavam a droga tinham experiências muito diferentes, dependendo de suas expectativas e do ambiente –, e depois se expandiram para incluir outras substâncias. Os estudos culturais do uso do álcool mostram que

> tanto estado de espírito quanto ações são afetados muito mais pelo que as pessoas pensam que beberam do que pelo que elas realmente beberam . . . pessoas que esperam que a bebida resulte em violência se tornam agressivas; aqueles que esperam que a bebida os deixe sexy ficam amorosos; os que a veem como desinibidora se exibem mais. Se o comportamento reflete as expectativas, então cada sociedade tem os bêbados que merece. (Heath, 1998, p. 115)

O significado que damos a um objeto ou substância pode influenciar seu impacto sobre nós mesmos mais que a própria substância. As drogas placebo, aquelas que não contêm ingredientes ativos, melhoram uma gama de problemas desde dor e depressão até a doença de Parkinson. Elas também são mais efetivas quando tomadas duas vezes ao dia em comparação com uma, quando injetadas em vez de tomadas como um comprimido, e mudam de efeito dependendo do tamanho e da cor dos comprimidos ingeridos (Hartogsohn, 2016). Mesmo em situações em que as drogas de rua foram modificadas com tantos adulterantes que existe muito pouca droga real na substância, as pessoas se comportam como se estivessem drogadas e continuam seu estilo de vida dentro de suas subculturas de uso de drogas. Isso foi descrito entre viciados em heroína em Vancouver em períodos quando a heroína na rua era tão fraca que não poderia ter um efeito físico, no entanto, o comportamento deles quase não mudou (Hari, 2015). Se nossa experiência de uso da droga é tão fortemente influenciada pela expectativa, será que temos maior probabilidade de nos viciar em uma substância porque pensamos que isso pode acontecer? Talvez as campanhas de mídia voltadas para a proibição contribuam para o problema. O contexto e o padrão de acesso a uma experiência ou droga específica, nossas crenças e expectativas, tudo isso influencia o efeito. Algumas dessas crenças e expectativas são estabelecidas quando somos muito jovens, e nossas experiências iniciais podem aumentar ou reduzir qualquer risco futuro de adicção, e se nós tendemos para ela ou continuamos equilibrados.

DEPENDÊNCIA SENSÍVEL DAS CONDIÇÕES INICIAIS

Mesmo antes de nascermos, a natureza e a criação estão se entrelaçando em uma dança complexa para nos dar temperamentos que nos ajudam a cumprir as demandas da vida que teremos. O campo científico da epigenética mostrou que as experiências de nossos pais são gravadas em seu código genético e passadas de geração em geração. As pistas ambientais na verdade ligam e desligam diferentes genes, determinando como ou se eles serão expressos. Nossos genes são o nosso potencial, que então é esculpido em nossas formas estranhas e maravilhosas pelo ambiente. A teoria do caos na física descreve a maneira como um conjunto inicial de circunstâncias pode evoluir para resultados extremamente diferentes dentro de um sistema complexo, em que muitos fatores variados influenciam dinamicamente essas circunstâncias iniciais e são influenciados por elas. Isso é conhecido como uma dependência sensitiva das condições iniciais, e a autora e jornalista Maia Szalavitz (2016, p. 46) comparou isso eloquentemente ao modo como a adicção pode se desenvolver. Somos sistemas complexos altamente dependentes das cartas iniciais que recebemos, mesmo antes de nascer.

A pesquisa epigenética mostrou que alguns de nós podemos enfrentar um risco maior para a adicção mesmo antes de nascermos. Nossos ambientes são gravados em nossas células, e as enzimas celulares que envolvem nosso DNA, conhecidas como "epigenoma", atuam como arquivistas que cortam e colam, leem e traduzem a expressão de nosso código genético em padrões que serão apropriados e responsivos aos ambientes que enfrentamos depois do nascimento. Experiências extremas enfrentadas pelos pais também são codificadas no esperma e nos óvulos, influenciando o desenvolvimento de seus filhos a partir da concepção. Como você pode imaginar, os arquivistas do epigenoma estão fazendo horas extras durante o desenvolvimento fetal a fim de preparar os bebês para os ambientes que seus pais enfrentaram. As dificuldades emocionais e físicas se gravam nas gerações subsequentes por meio do código genético, bem comprometem a capacidade dos genitores de serem bons pais, apesar de suas boas intenções. Esse é o modo de nosso cérebro e nosso DNA de garantir que estejamos preparados para os ambientes que encontrarmos. As mulheres expostas a estresse extremo durante a gravidez têm bebês cuja resposta ao estresse foi influenciada biologicamente pelas experiências de sua mãe. Pensa-se que isso é o resultado da maior exposição ao cortisol, o hormônio do estresse, ainda no útero. Por exemplo, alguns filhos de sobreviventes do Holocausto têm alterações em seus epigenomas que influenciam a resposta ao estresse, tornando alguns mais vulneráveis e outros mais resilientes a ele, como uma memória biológica do trauma que seus pais enfrentaram e de como conseguiram lidar com isso (Kellerman, 2013).

Por causa desta interação complexa entre nossos genes e nosso ambiente, não podemos dizer que a "adicção é genética". Esse é um comportamento multifacetado que se desenvolve no decorrer do tempo e depende das ações e das interações de genes múltiplos, que conferem um risco baixo ou uma baixa resiliência. Existem superposições entre o padrão de genes associado com a adicção e outras dificuldades complexas como esquizofrenia e transtorno bipolar, bem como autismo e TDAH, ilustrando tanto a complexidade dessas dificuldades quanto o fato de as vulnerabilidades genéticas poderem se desenvolver em diferentes comportamentos e traços de personalidade complexos dependendo dos gatilhos ambientais.

Apesar dessa complexidade no relacionamento entre genes, ambiente e comportamento, adoramos procurar respostas simples para questões complexas, e de vez em quando você vê manchetes anunciando a descoberta do "gene da bebedeira" ou da "base genética da preguiça" (BBC Health, 2012; Gander, 2014). Manchetes como essas são enganosas – pois confundem traços genéticos com comportamentos específicos –, perigosas em seu encorajamento do determinismo genético – em outras palavras, a ideia de que nossos genes ditam inevitavelmente nosso comportamento – e podem levar à desesperança entre as pessoas, que são levadas a acreditar que não podem mudar porque "está nos meus genes". Como vimos no último capítulo, assumir uma visão puramente biológica da adicção e da doença mental pode aumentar o estigma, isolar as pessoas em seu momento mais vulnerável e desviar a ênfase (e o financiamento) das abordagens sociais, psicológicas e de saúde pública, que são mais capazes de visar às causas básicas e às consequências em longo prazo. Como o filósofo Julian Baggini (2015) indicou, "atenção demais aos genes nos cega para a verdade óbvia de que o acesso a recursos financeiros e educacionais continua a ser o determinante mais importante de como nos saímos na vida".

EXISTE MESMO UMA PERSONALIDADE ADICTIVA?

A resposta curta é não, embora essa ainda seja uma característica de nossa compreensão cotidiana da adicção. Existem traços de personalidade associados com a adicção, mas nunca se descobriu que esses traços ocorressem consistentemente em um tipo único de personalidade. Esses traços tendem a ser aqueles encontrados nos extremos das dimensões de personalidade, e existem algumas diferenças de gênero nos traços que aumentam o risco. No caso dos homens, os traços de personalidade extremos que aumentam o risco de adicção tendem para o aventureiro, o impulsivo e aquele em busca de emoções. No caso de mulheres, os riscos são maiores para aquelas que sejam mais ansiosas, rígidas e inibidas. Existem obviamente algumas superposições nas diferenças de gênero, e algumas pessoas podem ter os dois grupos de traços. Ter outras dificuldades de saúde mental ou transtornos do desenvolvimento, como TDAH, também aumenta o risco, especialmente como resultado de dificuldades associadas com controle de impulsos, e do isolamento e do senso de "diferença" que algumas vezes acompanham esse transtorno (Szalavitz, 2015).

Como traços de personalidade tão variados podem aumentar os riscos de adicção? O tema comum é o da autorregulação. Essencialmente, adicção é uma falha das verificações e das estimativas projetadas para nos ajudar a gerenciar nossos comportamentos, relacionamentos, emoções e apetites. Como vimos na última seção, alguns desses traços de personalidade podem ter suas origens em nossos genes e epigenoma, mas se são ou não expressos depende da interação entre uma criança e seu ambiente. Durante a infância e a adolescência, nosso cérebro passa por explosões de desenvolvimento. O equilíbrio entre nosso temperamento e nosso ambiente inicial é o espaço que define as matrizes que usaremos para navegar por grande parte de nossa vida, e nos ensina como regular nossas emoções e nossos relacionamentos. As lições aprendidas nesses primeiros anos de vida podem inclinar nosso equilíbrio na direção de mais risco ou mais resiliência e, para entender isso, precisamos examinar nossos primeiros relacionamentos.

COMO O AMOR NOS MOLDA

John Bowlby (1969), psiquiatra e psicanalista, tem o crédito pelo reconhecimento da importância do amor, do calor e da conexão emocional para o desenvolvimento ótimo. Ele assumiu uma perspectiva evolucionária, reconhecendo que as criaturas jovens sem um forte vínculo com seus pais ou cuidadores teriam menor probabilidade de sobreviver. A teoria do apego que ele criou sugere que os bebês são biologicamente programados para se apegar à mãe e têm comportamentos de apego instintivos ou inatos projetados para manter a mãe por perto, como chorar, sorrir e ser fofo de modo geral. Ele também reconheceu que as mães (e os pais) estão inatamente programadas para responder, criando uma dança recíproca de conexão interpessoal. Na época de sua pesquisa, pensava-se que as necessidades primárias de um bebê eram alimento e segurança, mas Bowlby mostrou que nossas necessidades primárias são amor e responsividade. Ele teorizou que o relacionamento que estabelecemos com nosso cuidador primário nos dá uma representação mental de relacionamentos, chamada de modelo de funcionamento interno, que se torna nossa matriz para navegar em nossos relacionamentos futuros com os outros e conosco mesmos. Inconscientemente, aprendemos a fazer conosco o que foi feito a nós.

Nosso primeiro relacionamento, geralmente com nossa mãe, é o que mais influencia a maneira como aprendemos a gerenciar o estresse e a regular nossas emoções. Nossa resposta à ameaça é um dos sistemas cerebrais mais antigos em termos evolucionários, envolvendo o cérebro reptiliano e o sistema límbico (lobo) que vimos no capítulo anterior, intensamente conectados a nosso cérebro "mais novo" de pensamento e planejamento. Os personagens principais são a amígdala, a estação de alarme em forma de amêndoa, e o hipotálamo, um centro de controle que regula as funções inconscientes como respiração, fome, temperatura corporal e ciclo de sono/vigília. Também são importantes as conexões do hipotálamo com a glândula pituitária, que libera diversos hormônios incluindo cortisol, o hormônio do estresse descrito na última seção. Pense no que acontece quando você leva um susto. Você está cruzando a rua e, de repente, aparece um carro vindo em sua direção. A rota "tosca" de processamento dos seus sentidos vai direto para sua amígdala. Não há tempo para reflexão: isso tem a ver com sobrevivência. Soa um alarme, enviando mensagens por meio desse sistema para todo o seu corpo. Seu coração dispara, você fica tenso e pula para trás involuntariamente. O carro breca e para. A rede de processamento rápido acalma e dá lugar aos pensamentos de cima para baixo do córtex pré-frontal, e você nota de repente que seu coração já está voltando ao normal. Você está bem. Você olha atravessado para o motorista, com alguns comentários na ponta da língua, e vai embora.

Nossos sistemas de ameaça são preparados para respostas rápidas porque, em situações de ameaça física real, agir depressa é vital para a sobrevivência. As ameaças que enfrentamos atualmente têm menos a ver com nosso lugar na cadeia alimentar, mas podem ser impulsionadas socialmente, por exemplo, por fracasso público ou humilhação, isolamento, desaprovação social, ser incapaz de alimentar sua família ou se sentir desconectado de sua sociedade. Além disso, nosso cérebro nem sempre é muito bom em distinguir entre uma ameaça real diante de nós e uma ameaça criada por nossa imaginação vívida, ou nossas memórias. Os medos imaginários podem ativar a amígdala e nos enviar para estações de alarme. Quando o córtex pré-frontal fica fora do circuito pelo meio segundo em que a amígdala assume, nós não temos o sentido do tempo linear. É por isso que podemos nos sentir como se estivéssemos revivendo memórias emocionais quando elas capturam nossa atenção, e por que acalmar a amígdala sobrecarregada e trazer de volta nossas funções reflexivas nos dá um modo de processar as memórias emocionais e gerenciar os impulsos reativos. Nosso processamento reflexivo nos permite retornar à narrativa linear de nossa vida.

Nossos primeiros relacionamentos nos ensinam como nos tranquilizar. Nossas primeiras ameaças acontecem quando somos muito pequenos, por exemplo, quando sentimos fome, estamos sozinhos ou sentimos desconforto. Nós não somos muito sutis quando somos pequenos; as coisas são terríveis ou brilhantes. Um bebê sente fome, seu sistema de estresse se ativa e ele solta um choro. A mãe espelha o estresse dele, sentindo um pico de dopamina por meio de seu sistema motivacional, que impulsiona sua ação. Ela pega o bebê e o aconchega, fazendo sons tranquilizadores, percebe que ele está com fome e o alimenta. O estresse é aliviado e os sistemas de ameaça do bebê e da mãe são acalmados. Um bebê sorri e ri, e a mãe dele, e provavelmente muitas outras pessoas que estão na mesma sala, fazem caretas exageradas, falam como criança e sorriem. O bebê fica animado, a dopamina passa pelo núcleo accumbens, a amígdala rotula os aspectos emocionais e sensoriais da experiência e os marca – "isso é importante!" –, garantindo que o comportamento será repetido. Essas interações também liberam um hormônio chamado oxitocina, que com o tempo fortalece o vínculo entre mãe e bebê (e está também envolvido na formação de vínculos entre amigos, parceiros românticos e até mesmo animais de estimação), deixando ambos contentes e alegres na companhia um do outro. Com o tempo, os ciclos de estresse e de tranquilidade fortalecem essas conexões, e o bebê cresce aprendendo que a conexão social amorosa acalma seus medos.

Essas são as raízes de nossas capacidades internas para regular nossas emoções. Se estivermos perturbados e formos abraçados e confortados, internalizamos a capacidade de fazer isso e somos capazes de nos confortar ou reconhecer quando precisamos pedir ajuda. Confiamos que os outros poderão suprir nossas necessidades porque isso é o que aconteceu na maior parte do tempo. Nosso sistema de resposta ao estresse funciona de modo a se sentir acalmado pelo amor, e a encontrar recompensa nos relacionamentos. O prazer e o alívio que aprendemos nesses primeiros relacionamentos são inerentemente motivadores e governados pelos mesmos sistemas cerebrais que conhecemos no último capítulo. É aqui que o relacionamento entre vício, motivação e alívio do estresse fica mais claro. Nosso sistema de alívio de estresse se desenvolve por meio de ciclos repetidos de exposição a estresse gerenciável e alívio responsivo. É como ganhar músculos em uma academia. Precisamos de um pouco de estresse, ou os músculos permanecem fracos e não adquirem prática suficiente. Se todas as nossas necessidades são respondidas antes de as notarmos, temos tão pouca experiência em nos sentir estressados que até montinhos de terra parecem montanhas. Em situações em que existe estresse demais, os sistemas ficam sobrecarregados e podem ficar hiperativos, como se estivessem respondendo a ameaças o tempo todo, ou sair do ar e ficar paralisados e não responsivos.

Essas adaptações acontecem especialmente depressa nos dois primeiros anos de vida, quando vemos uma rápida expansão dos neurônios e de suas conexões. Conforme conhecemos nossos ambientes, nosso cérebro aprende o que é mais importante para nós. À medida que desenvolvemos hábitos e padrões, começamos a abandonar conexões e vias que são menos relevantes ou menos úteis para sobrevivência, podando-as e refinando-as conforme ficamos mais velhos. Mesmo antes de poder falar, os bebês estão aprendendo a linguagem das emoções e dos relacionamentos. Um bebê que enfrenta um ambiente imprevisível ou assustador vai se tornar muito habilidoso em perceber ameaças e provavelmente será mais reativo e menos reflexivo como uma forma de sobreviver. Isso é altamente adaptativo. Por exemplo, se você cresceu em um ambiente ameaçador, pausar para refletir e pensar pode terminar com você machucado, mas ser hipervigilante e reativo a ameaças vai ajudá-lo a sobreviver. Não é seguro parar para pensar se você mora em uma zona de guerra. Seu sentido de tempo é alterado, e o foco se estreita para se concentrar nas necessidades imediatas. Se as ameaças são coerentes e previsíveis, é mais seguro ser desconfiado, fechar suas respostas e se tornar submisso ou, em casos graves, entorpecido e fechado. Se as ameaças são imprevisíveis, você pode se tornar mais impulsivo e reativo, com a resposta a ameaças em alto alerta o tempo todo (Crittenden & DiLalla, 1988). Bebês em uma dessas situações podem estar mal equipados para ambientes mais calmos e estáveis, e podem ter dificuldade de regular as emoções efetivamente. Eles também tendem a ter problemas de saúde mais tarde como resultado do impacto que os hormônios do estresse têm sobre os diversos sistemas dentro do corpo. Essas pessoas podem ter dificuldade nos ambientes estruturados e previsíveis de escola e trabalho, pois suas capacidades de parar, controlar impulsos e se concentrar não foram muito praticadas. As ameaças no início da vida tornam difícil que as crianças pequenas cresçam e se tornem adolescentes e adultos capazes de regular suas emoções internamente, o que torna muito mais provável que eles busquem formas externas de fazer isso.

O IMPACTO DA ADVERSIDADE NO INÍCIO DA VIDA

Quanto mais adversidades enfrentamos no início da vida, maior a probabilidade de desenvolvermos comportamentos de dependência, bem como outros problemas de saúde física e mental. Isso foi ilustrado pelo estudo Adverse Childhood Experiences (ACE – Experiências adversas na infância), realizado pela organização estadunidense Kaiser Permanence e pelos Centres for Disease Control and Prevention (CDC – Centros para prevenção e controle de doenças). O estudo ACE pesquisou quase 18 mil pessoas, perguntando sobre experiências adversas no início da vida e analisando as conexões entre elas e a saúde física e mental quase 40 anos depois. A pesquisa perguntou sobre experiências de abuso físico, emocional ou sexual, negligência, vivência em um lar com pais que tinham problemas de uso de substâncias, problemas de saúde mental, exposições a comportamento inadequado, violência doméstica ou separação dos pais. Os resultados foram reveladores. Os problemas de saúde física e mental seguiram-se à adversidade em uma forma de dose-resposta. As pessoas que tiveram quatro ou mais experiências adversas na infância tiveram sete vezes mais probabilidade de desenvolver alcoolismo, probabilidade mais de 10 vezes maior de ter injetado drogas ilícitas, duas vezes mais probabilidade de fumar e 12 vezes mais probabilidade de ter tentado suicídio (Anda et al., 2006). Em uma versão britânica do estudo, essas pessoas tinham três vezes mais probabilidade de ser obesas mórbidas (Bellis et al., 2014). Um homem que tivesse experimentado seis experiências adversas quando criança tinha uma probabilidade 4.600% maior de se tornar um usuário de drogas injetáveis que um homem que não tivesse experimentado nenhuma (Felitti, 2004).

As experiências adversas também eram muito mais comuns do que havia sido reconhecido anteriormente. Cerca de um quarto das pessoas entrevistadas haviam sido expostas a duas experiências adversas, e uma em seis pessoas teve uma pontuação ACE de 4 ou mais. Pare por um momento, leia a lista de experiências adversas de novo e pense no que isso significa. Uma interpretação é que as crianças experimentam mais crueldade em seus primeiros anos do que nós geralmente reconhecemos. Essas experiências acontecem em segredo, inconfessas e não reconhecidas por décadas, mascaradas por vícios, consequências físicas e mentais que atraem o foco da energia e da atenção profissionais e públicas e escondem os problemas originais embaixo de camadas de tentativas de lidar com eles.

A exposição prolongada a ameaças no início da vida não só altera a resposta cerebral ao estresse, mas inibe o crescimento das partes do cérebro envolvidas na memória e altera a resposta das partes do cérebro envolvidas em apego social e regulação do humor. Se o cérebro está em um modo constante de "luta ou fuga", ele não pode aprender como se regular e atrasar a gratificação (para que esperar quando tudo poderia mudar em um instante?). As crianças cujos cérebros estão nadando em hormônios do estresse não conseguem se concentrar, podem ter dificuldade para confiar nos outros e se tornar insensíveis a emoções, buscando estimulação e excitação, ou se tornar sobrecarregadas emocionalmente, buscando alívio em qualquer coisa que esteja à mão. Descobrir uma experiência que alivie o desespero, a raiva ou o desamparo será altamente recompensador e emocionalmente significativo em um nível inconsciente. Na ausência de um toque seguro e de um relacionamento amoroso, as drogas, o álcool e a comida podem reduzir a ativação da amígdala e oferecer uma solução quando suas propriedades de alívio são descobertas. Como Maia Szalavitz

(2016) escreveu: "As drogas são poderosas basicamente quando o resto de sua vida está destruído" (p. 133). Se temos uma necessidade emocional profunda e não atendida e descobrimos algo que parece atendê-la, essa experiência será aprendida profunda e rapidamente, e teremos maior probabilidade de voltar a repeti-la.

POR QUE OS ADOLESCENTES ASSUMEM MAIS RISCOS?

Essas experiências são mais significativas se ocorrem durante a adolescência, quando a identidade ainda está se desenvolvendo. Quase todas as pessoas que usam drogas começam no final da adolescência ou com 20 e poucos anos e, como se poderia imaginar, um início de uso mais precoce está ligado a um risco mais elevado de adicção, quando substâncias e comportamentos de dependência podem se tornar integrados com a personalidade em desenvolvimento de uma pessoa. Nosso "eu" é feito de partes separadas que se integram durante a adolescência e, assim, se comportamentos de dependência estão se desenvolvendo, isso pode impedir que a pessoa se sinta integrada e completa, e pode dificultar a aprendizagem de alternativas mais seguras. Cerca de 90% das adicções a substâncias começam na adolescência, embora a maioria das pessoas pare de usar ou reduzam o uso por volta dos 25 anos (CASA, 2011).

A maioria de nós pode olhar para a adolescência e pensar em ações lamentáveis e decisões insensatas. Os adolescentes se entediam com facilidade, estão desesperados para se encaixar, mas ansiosos para se destacar. Isso é em parte resultado do estágio do desenvolvimento cerebral. O cérebro está sendo podado e refinado para se encaixar a seu ambiente. Temos um sistema impulsivo intenso que nos dirige para amigos, parceiros em potencial e novas experiências, mas o córtex pré-frontal dorsolateral (DLPFC) imaturo é incapaz de oferecer muita regulação emocional ou controle de impulsos. Ele não se desenvolve plenamente até o início da idade adulta, embora o córtex orbitofrontal (OFC) e estratégias regulatórias mais primitivas do sistema límbico (lobo) tenham se desenvolvido. Isso significa que temos todos os anseios, mas um sistema menos bem formado para regulá-los. Como resultado, os jovens tendem a valorizar mais as recompensas imediatas, podem ter dificuldade em realizar várias tarefas sob pressão e são piores em atrasar a gratificação: o "apelo do agora" que Marc Lewis descreveu, mencionado no último capítulo. As pessoas com comportamentos de dependência têm uma tendência maior para o "apelo do agora" em comparação com a média, quase como se o cérebro delas estivesse em um impasse nesse estado de desenvolvimento da adolescência, com sua maior impulsividade e capacidade imatura para inibir aqueles impulsos. De algumas maneiras, uma parte delas está. O DLPFC também é responsável por nosso senso de tempo linear, e sua imaturidade durante a adolescência também pode significar que é mais difícil para os adolescentes planejar antecipadamente, pois seu cérebro está muito mais focalizado no AGORA.

Os adolescentes são capazes de raciocinar e de pesar riscos, mas como seus centros de controle cognitivo no córtex pré-frontal ainda estão amadurecendo, suas decisões são tendenciosas para atos mais impulsivos e recompensas imediatas, especialmente em situações que são emocionalmente significativas. As amizades e os colegas são especialmente importantes nessa idade, e muitos adolescentes são muito vulneráveis à pressão dos colegas. Pensando nas vulnerabilidades já mencionadas, imagine que um adolescente está passando por experiências difíceis que o deixam sem esperança e sentindo-se aprisionado. Encontrar uma saída ou um modo de se sentir melhor é muito importante, especialmente se isso ainda envolver o fortalecimento dos relacionamentos em um grupo. A primeira vez que as pessoas usam heroína geralmente ocorre por curiosidade ou porque os amigos estão fazendo isso e elas querem se encaixar no grupo. A maioria tem consciência dos riscos, mas muitos não reconhecem seus amigos nos artigos sensacionalistas sobre adicção e "viciados" e podem ter visto pessoas usando drogas sem se tornar imediatamente dependentes. Quanto mais distantes das histórias da mídia estiverem suas experiências, menos provável será que os jovens acreditem nelas, o que pode deixá-los desinformados sobre os riscos reais do uso da droga. Os riscos que assumimos como adolescentes também dependem das experiências a que temos acesso. Em algumas comunidades carentes, em que o tráfico de drogas se tornou parte da economia local, as pessoas não conseguem andar na rua sem receber numerosas ofertas de uma diversidade de drogas pesadas, em especial se é sabido que elas já usaram drogas antes e poderiam ser compradoras em potencial. A experimentação poderia levar a um uso mais regular, e o risco de desenvolver dependência aumenta se o uso inicial preenche uma lacuna em sua vida, independentemente de onde ela venha. Estabelecer-se em um grupo também pode desgastar os padrões e os valores pessoais, e você pode acabar se comportando de modos que não teria previsto e pode nunca ter pretendido. Os comportamentos de dependência são muito eficientes para preencher um vazio. Estamos todos buscando significado e propósito, e quanto maior a intensidade e a recompensa dessas experiências iniciais, mais significativas elas são para nós, particularmente se somos vulneráveis. É aqui que o desenvolvimento da adicção começa a se separar do uso mais controlado ou regulado.

A BUSCA DE SIGNIFICADO

Quando você pergunta a pessoas que foram viciadas em heroína o que esse primeiro uso significou para elas, essas pessoas usam a linguagem de amor e cuidados. "A sensação era de um cobertor quente e macio", "Era como se eu tivesse uma família", "Isso simplesmente fez tudo desaparecer". As pessoas são apresentadas a um sentimento cuja falta talvez nem percebessem e, repentinamente, têm uma maneira de saciar uma fome emocional profundamente inconsciente. Essa experiência será marcada como muito importante, preparando o sistema de motivação para querer mais. Os sistemas de estresse sobrecarregados vão se ligar a experiências que os acalmem, especialmente quando nada mais funcionou. Porém, a heroína, ou a droga ou experiência que eles encontraram, não aliviam o vazio por muito tempo, deixando um anseio ainda maior por se sentirem seguros, amados ou apenas normais. Conforme descrito na Introdução, isso é o "modo de fantasma faminto" do budismo tibetano: "Enquanto permanecermos no modo de fantasma faminto, nunca saberemos [do que precisamos]. Nós assombramos nossa vida, sem estarmos plenamente presentes" (Maté, 2010, p. 1). Se não nos são oferecidas as oportunidades para aprender a regular nossas emoções em relacionamentos seguros e de cuidados enquanto crescemos, não aprendemos como lidar com as perturbações ou o sofrimento de maneiras saudáveis, embora possamos desenvolver as capacidades mais tarde na vida com o cuidado e a atenção certos.

Muitas dessas pessoas presas no modo de "fantasma faminto", com os vícios mais graves, passaram por experiências brutalmente traumáticas enquanto eram crianças, ou por um longo e incessante "gotejamento" de isolamento, *bullying* e negligência. Esses são homens e mulheres que se tornaram violentos depois de fazer uma promessa infantil de nunca permitir que alguém os ferisse de novo, ou a quem foi dito que deviam ter sido abortados, ou que ouviam gritos, eram espancados, testemunharam violências repetidas, sentiram falta de afeição e cuidados ou viveram abuso sexual, algumas vezes de vários perpetradores, a maioria dos quais não foi levada à justiça. Eles podem ter feito coisas de que se envergonham profundamente. Eles não foram protegidos, e as redes de segurança sociais falharam com eles. Esses tipos de experiências não são incomuns entre as pessoas que frequentam os serviços especializados em dependências. Usando as estatísticas do estudo ACE, o autor Johann Hari (2015, p. 160) indica que o abuso infantil tem tanta probabilidade de causar a adicção quanto a obesidade tem de provocar doenças cardíacas. Um estudo com pessoas que frequentam serviços para quem usa substâncias descobriu que 100% tinham sido expostas a situações traumáticas, com números que mostravam que 25% a 50% tinham sintomas de transtorno de estresse pós-traumático (TEPT; Gielen et al., 2012). Entre 75% e 85% também têm outros diagnósticos de saúde mental, como ansiedade, depressão e distúrbio de personalidade (Weaver et al., 2003), que também têm raízes na adversidade no início da vida. Quando você explora o desenvolvimento de comportamentos de dependência e dificuldades de saúde mental, torna-se mais fácil compreender que eles vêm de tentativas de se adaptar a confusão, perturbação ou trauma prolongados e, algumas vezes, incessantes.

Contudo, nem todas as crianças com um histórico traumático desenvolvem comportamentos de dependência ou dificuldades de saúde mental. A exposição a adversidade, pobreza, violência e trauma aumentam os riscos, mas existem muitas pessoas que experimentam esses eventos e têm uma vida saudável e bem-sucedida. Risco e vulnerabilidade não estão gravados em pedra, mas são mutáveis e responsivos à nossa experiência. Muitos fatores podem aliviar os efeitos das experiências adversas, mas o mais protetor é um relacionamento forte e amoroso. Se as crianças têm um adulto seguro, cuidador e amoroso em sua vida, elas podem superar várias adversidades porque sabem que, se caírem, haverá uma rede de segurança para segurá-las. É importante observar que os pais são mais capazes de fornecer esses relacionamentos quando eles também são apoiados e estão seguros. A educação pode aumentar o acesso a adultos seguros e carinhosos e permitir o desenvolvimento da esperança por meio de literatura, música e arte, que demonstram que outras vidas e formas de se expressar são possíveis. É por isso também que relacionamentos de conexão e cuidado na vida adulta são tão vitais para a recuperação. Isso também explica por que alguns adultos que experimentaram outras pessoas como consistentemente abusivas podem encontrar alívio e os apegos mais duradouros com seus animais de estimação. O ambiente social também é importante, ditando acesso e disponibilidade a experiências de adicção, além de influenciar as expectativas e as normas sociais de famílias e comunidades.

Tudo isso nos mostra que o vício tem a ver com necessidade, e com o momento e o padrão de exposição a algumas experiências. É complicado, e não tão útil vê-lo como relacionado só com as drogas, ou só com os nossos genes. Não importa de onde venhamos, nós temos as mesmas necessidades fundamentais. O psicólogo Abraham Maslow (1943) criou uma "hierarquia de necessidades" que esboçou nossas necessidades básicas de alimento e água, passando por segurança e saúde, movendo-se para as necessidades sociais e emocionais e chegando a nossas necessidades mais "espirituais" de significado e propósito. Em tempos de ameaça, estamos concentrados em sobrevivência e nos degraus mais baixos dessa hierarquia. Em nossos tempos atuais, nesta "era de austeridade", comunidades inteiras foram obrigadas a esta posição, sem acesso fácil a alimentos, aquecimento e moradia segura. Até que essas necessidades sejam supridas, é difícil olhar além delas para suprir as necessidades sociais, de relacionamento e emocionais. Isso não as torna menos válidas, e se a esperança de uma vida significativa e de um futuro viável para nós mesmos e nossas famílias nos for negada, os "fatores de risco" elevam-se, e a adicção e as dificuldades de saúde mental aumentam. Para encontrar equilíbrio, precisamos abordar não apenas as dificuldades individuais, mas o clima social e político que pode limitar oportunidades e aumentar o risco, ou promover a esperança e os ambientes em que podemos atingir nosso pleno potencial.

4

VOCÊ PODE ENSINAR NOVOS TRUQUES PARA UM VELHO CÃO: VÍCIO E RECUPERAÇÃO

Se aprendemos a entrar em um vício, será que podemos aprender a sair dele? Se o cérebro muda conforme a adicção se desenvolve, formando essas vias neurais que se aprofundam com a repetição e são difíceis de desfazer, então será que podemos desenvolver novos comportamentos? Formar novas vias? A fim de compreender como fazer isso, precisamos entender a recuperação. Este capítulo e o próximo vão examinar como podemos incentivar a recuperação dos comportamentos de dependência, tanto da perspectiva individual quanto de grupo. Tem a ver apenas com crescimento e aprendizagem? O psicólogo Scott Kellogg (2016) sugere que estamos falando mais de liberação que de recuperação. A adicção nos aprisiona e nos escraviza, estreitando e focando nossa mente e nossa vida, então expandir e abrir novamente tem a ver com poder e liberdade.

ESPERANÇA E RECUPERAÇÃO

Uma revolução está acontecendo na maneira como a doença mental e o vício são entendidos, direcionada por aqueles que rejeitaram os rótulos e o estigma que surgem dos modelos médico e moral da perturbação psicológica e do comportamento de dependência. Os diagnósticos psiquiátricos são úteis para fornecer uma linguagem comum para entender sintomas confusos e dar acesso a benefícios e serviços. Porém, eles reduzem a complexidade da experiência e da perturbação humana a categorias simples e nos dão um falso senso de segurança, sugerindo que a complexidade pode ser tratada com algoritmos simples. A cada iteração dos manuais de diagnóstico, cada vez mais exemplos de perturbação são reunidos na rede de "doença mental". Contudo, ainda não encontramos uma "base biológica para a esquizofrenia", do mesmo modo que ainda não achamos uma "base biológica para a adicção", além da influência variável de diversos genes. Os grupos de "sobreviventes" e de usuários definiram uma nova abordagem à recuperação, que incorpora a necessidade de encontrar esperança em relação ao futuro, de desenvolver resiliência, de encontrar um senso de conexão com outros e com a comunidade e, como resultado, forjar uma identidade mais forte e mais capacitada. Eles questionam quanto da perda dessas coisas deve-se à medicalização das dificuldades deles e ao incentivo a serem destinatários passivos do tratamento, conforme esboçado no Capítulo 1. A recuperação dos comportamentos de dependência significa coisas diferentes para pessoas diferentes, e o UK Drug Policy Commission Recovery Consensus Group (Grupo de consenso de recuperação da Comissão da Política de Drogas do Reino Unido) desenvolveu a seguinte definição: "o processo de recuperação do uso problemático de substâncias é caracterizado pelo controle voluntário sustentado sobre o uso de substâncias que maximiza a saúde, o bem-estar e a participação em direitos, papéis e responsabilidades da sociedade" (UKDPC, 2008). Embora isso seja específico ao uso de substâncias, também poderia se aplicar a outros comportamentos de dependência. A recuperação não tem a ver apenas com mudar o comportamento de dependência; tem a ver com aprender a viver de modo diferente. Do mesmo modo que aprendemos o desamparo, podemos aprender o otimismo (Seligman, 2002), e a esperança ao redor das pessoas em recuperação é contagiante.

MAS OS VICIADOS ESTÃO TODOS EM NEGAÇÃO! COMO VOCÊ PODE AJUDAR ALGUÉM QUE NÃO QUER AJUDA?

Existe uma história que retrata as pessoas com adicções como "resistentes à mudança" ou "em negação"; a cabeça delas está enfiada na areia em relação a problemas que parecem grandes e aparentes às pessoas que as rodeiam. Para os amigos e familiares da pessoa com a adicção, a negação pode parecer óbvia. "Ele simplesmente não vê isso . . . ela está ignorando a dívida . . . ele não abre mais as suas cartas . . . ela simplesmente não ouve". Isso tem sido visto como inerente à adicção, quando na verdade é parte de alguém se defender contra um ataque percebido à própria essência de quem ele é ou deseja ser. Talvez um modo melhor de entender isso seja em termos de "viés cognitivo", ou a maneira como damos atenção seletiva às informações que confirmam nossas crenças atuais. Se existem coisas que parecem inconsistentes com verdades que todos nós valorizamos, ou se essas verdades nos desafiam de um modo que não estamos prontos para aceitar, nós basicamente só as ignoramos. Nós todos fazemos isso em alguma medida. Negação e resistência não são estados estáticos nem têm a ver com um indivíduo específico, mas são processos que emergem da dinâmica interpessoal em um relacionamento. Quanto mais diretamente desafiada uma pessoa se sentir, mais provável é que resista ao desafio. Quanto mais ela sente que alguém está ao seu lado sem julgá-la, mais provável que expresse suas dúvidas e suas preocupações sobre a situação. Isso tem a ver com o modo como a mensagem é transmitida e também com a prontidão da pessoa para ouvir. Importa se chamamos de negação ou de viés cognitivo? Importa, sim, por causa da negatividade extra dada à palavra "negação" na adicção e da falta de reconhecimento de que esse é um aspecto da nossa defesa normal contra perturbações e inconsistências em nossa história pessoal. Também é importante porque as crenças sobre negação na adicção levaram a intervenções punitivas que buscam "romper" a negação e confrontar as pessoas com as consequências do comportamento delas. É verdade que as prioridades mudam durante a adicção, e as pessoas muitas vezes agem de um modo de que elas depois se arrependem, mas é notável que o engano e a mentira associados ao vício muitas vezes desaparecem quando alguém sabe que não vai enfrentar punição ou julgamento. O engano pode ser um produto mais da punição que do vício. Porém, como Maia Szalavitz (2016) indicou, punir a pessoa por um problema definido por sua resistência à punição é uma tarefa destinada ao fracasso.

Pense nisso deste modo: você está se sentindo fora de controle e envergonhado porque sabe que seu relacionamento com comida/álcool/cocaína não é saudável. Mas também sabe que, se não se empanturrasse/embriagasse/usasse, você teria de enfrentar ansiedade/trauma/sentimentos de inadequação que também fazem você se sentir envergonhado e isolado. Neste exemplo, alguém que diga que seu comportamento é errado provavelmente vai aumentar sua vergonha e, assim, reforçar sem querer o problema. Você tenderá a resistir a essa pessoa, ignorá-la ou mesmo atacá-la se parecer que ela está ameaçando algo muito íntimo e pessoal para você. É difícil aceitar a realidade de uma situação de que não gostamos, especialmente se nos sentimos envergonhados e culpados por ela, se há necessidades subjacentes que não admitimos ou aceitamos, e se temos medo de deixar para trás algo que parece ser um salva-vidas, mesmo se soubermos que é ruim para nós. Porém, todos esses medos podem ser superados no contexto de um relacionamento solidário e sem julgamentos que oferece esperança e aceitação. Precisamos supor que as pessoas têm razões muito boas para persistir em comportamentos que, para nós, parecem prejudiciais e destrutivos, e nós precisamos descobri-las. Como elas se sentiriam se deixassem o comportamento? E se, para elas, essa perspectiva for pior do que continuar? Falar sobre isso é mais fácil que aceitar de fato essa suposição, especialmente se você for um parente ou amigo de alguém com um vício que pode tê-lo afetado diretamente. Existem abordagens específicas que podem ser úteis para famílias e que são descritas no próximo capítulo.

Para muitas pessoas, os primeiros passos para a mudança incluem se conectar com alguém ou algo que instile esperança, permitindo que elas acreditem que, talvez, as coisas possam mudar. Algumas vezes, a necessidade de mudar vem de alguma força externa, como um indiciamento no caso de uso de drogas ou pressão de outras pessoas. Como discutido nos últimos capítulos, a maioria das pessoas com vícios se recupera sem ajuda profissional, usando o apoio social e os recursos que as rodeiam para desenvolver controle e mudar seu comportamento. Aqueles que conseguem usar suas próprias resiliência e redes de apoio para alterar um comportamento de dependência tendem a ter um melhor amparo social, mais educação, ter passado por menos adversidade e, às vezes, ter mais recursos financeiros à sua disposição. Existem muitas opções disponíveis para quem busca ajuda. A adicção é complexa, e as abordagens médica, psicológica e social podem ser mais ou menos úteis em diferentes estágios porque, como sabemos agora, existem aspectos biológicos, psicológicos e sociais nas maneiras como os comportamentos de dependência se desenvolvem e progridem.

POR QUE OS RELACIONAMENTOS SÃO A CHAVE PARA A RECUPERAÇÃO

O tratamento para o vício é mais efetivo quando é fornecido em um contexto de compaixão e entendimento. Oferecer respeito, empatia e uma abordagem colaborativa, sem julgamento, é a base de todos os relacionamentos terapêuticos (Rogers, 1961). As pessoas com histórias que envolvem traumas de *bullying* e isolamento até abuso interpessoal severo e repetido não vão confiar com muita facilidade, e são altamente sensíveis a qualquer sinal de crítica ou rejeição. Elas também são habilidosas em avaliar as emoções e as motivações dos outros como resultado de suas habilidades para analisar ambientes imprevisíveis e tendem a perceber qualquer sinal de inautenticidade, tédio ou "improvisação". O tratamento efetivo considera o comportamento de indivíduos à luz "do que aconteceu com eles" e "como isso os afeta agora" em vez de "o que está errado com eles". O poder desses relacionamentos não pode ser subestimado, e talvez seja a primeira experiência de afeto e cuidado genuínos de algumas pessoas.

Esse *ethos* não significa aceitar todos os aspectos do comportamento sem confronto. É só que um relacionamento terapêutico fornece uma conexão forte o bastante para confrontar empaticamente e apoiar alguém para colocar limites sobre as partes de si mesmo que está buscando mudar. Esses relacionamentos oferecem um andaime social sensível e responsivo que mantém as partes do futuro imaginado de alguém no lugar enquanto essa pessoa se movimenta nessa direção. Algumas vezes, uma conversa útil é tudo de que se precisa para mudar o equilíbrio para que alguém comece a fazer mudanças.

REDUZIR DANOS: ABORDAGENS MÉDICAS AO TRATAMENTO

Uma posição intermediária na dicotomia "adicção como doença" *versus* "adicção como aprendizagem arraigada" é a comparação do vício severo a uma condição de saúde crônica como o diabetes ou a doença cardíaca. Este é um modo de fazer os modelos médico e psicossocial se encaixarem melhor e recomenda um tratamento adequado na forma de "autogerenciamento", com o objetivo de gerenciar o bem-estar e a recuperação sustentada. Embora algumas das dificuldades de ver a adicção como uma doença ainda se mantenham, esse pode ser um modo útil de pensar a recuperação para aqueles que preferirem ver suas dificuldades como uma manifestação de doença. Aprender a gerenciar uma doença envolve lidar com qualquer obstáculo que interfira na mudança. No caso da diabetes, isso pode ter a ver com dieta e exercício. No caso da adicção, pode ter a ver com educação, emprego, moradia, reconstrução de relacionamentos ou abordagem de outras dificuldades de saúde mental. Isso oferece uma ampla gama de opiniões: a recuperação sob essa abordagem poderia significar abstinência, mas também minimização de danos, uso controlado ou estabilização.

Há um debate longo e apaixonado em relação aos méritos da abstinência em comparação à abordagem de "redução de danos" no campo do tratamento para uso problemático de drogas e vício. Os partidários da redução de danos aceitam que algumas pessoas vão continuar a usar drogas, e assim devem ter apoio para usar com mais segurança, muitas vezes com uma meta de reduzir gradualmente o uso até interrompê-lo. Os partidários da abstinência veem a redução de danos como "algo que possibilita" o uso de drogas e acreditam que a abstinência é a única opção para a "verdadeira" recuperação. O apoio social específico para abstinência é importante para promover a recuperação de vício *severo* em drogas e álcool (Litt et al., 2007), mas as duas opções são importantes em uma visão integrada da recuperação, e o melhor objetivo (e aquele com maior probabilidade de funcionar) é o escolhido pelo indivíduo. Existem três metas amplas de redução de danos: "continuar vivo", que inclui intervenções ao redor de prevenção de overdose e injeção segura; "manter a saúde", como oferta de tratamentos para vírus que infectam o sangue, trocas de agulhas, tratamentos de substituição de opiáceos (descritos a seguir), testagem de drogas em festivais e baladas e salas de injeção segura; e "melhorar", que é onde entram as intervenções sociais e psicológicas, integradas com abordagens farmacológicas quando necessário (Wodak, 1994; Kellogg, 2003). Tudo começa com a necessidade de encontrar as pessoas "no lugar onde elas estão". O psicólogo clínico e escritor Andrew Tatarsky (2003) integrou a redução de danos com a psicoterapia e enfatiza que o ponto intermediário neste debate pode ser "por fim, abstinência", considerando que qualquer passo gradual em direção deste objetivo possível é um passo na direção correta. Isso tem sido definido como "gradualismo" pelo psicólogo clínico e escritor Scott Kellogg (2003).

As prescrições de substituição de opiáceos como metadona e buprenorfina (Suboxone ou Subutex) oferecem uma maneira vital de estabilizar um estilo de vida caótico focalizado em buscar a próxima dose, e também tentam alterar a sensibilização para tolerância prescrevendo a droga em uma dose programada e regular. Elas têm início lento e longa ação e, assim, reduzem os altos e baixos da heroína (Clinical Guidelines, 2017). Uma droga chamada naloxona, que bloqueia os receptores de opiáceos, quando administrada, reverte os efeitos da heroína e, desse modo, pode reverter a overdose de opiáceos. Nos EUA, campanhas nacionais garantiram o acesso e a disponibilidade dessa droga salvadora para as pessoas que usam heroína, de modo que aqueles mais prováveis de chegar primeiro a uma cena de overdose tenham uma maneira de preveni-la. Também foram desenvolvidos remédios para lidar com os outros sintomas associados com comportamentos de dependência, como desejos e sintomas de abstinência, embora uma revisão deles esteja além do escopo deste livro.

O modelo médico tem problemas para responder a pergunta: "e agora?". Os tratamentos farmacológicos em conjunção com as intervenções de redução de danos são muito efetivos para estabilizar o caos e fornecer um caminho para que as pessoas acessem cuidados e apoio. Porém, conforme o caos diminui, os indivíduos algumas vezes experimentam uma deterioração em sua saúde mental, conforme a realidade da vida e de sua história fica em primeiro plano. Uma das críticas aos tratamentos de substituição de opiáceos (OST) é que eles "estacionam" as pessoas, levando-as à troca por uma forma diferente de dependência de drogas. Eles podem ser muito inconvenientes, fazendo as pessoas se dirigirem a clínicas ou farmácias para pegar sua dose, onde podem ser obrigadas a tomar a droga diante de um farmacêutico. Essa pode ser uma situação estigmatizadora. Porém, para muitas pessoas, isso é melhor que a alternativa de adicção a drogas de rua e, sem dúvida, esses são medicamentos que salvam vidas. Os OSTs são uma maneira de fornecer estabilidade, de dar uma chance para que a pessoa olhe para outras partes da vida que precisam de algum cuidado, mas não ajudam com tudo. É aqui que entram em cena as abordagens social e psicológica, integradas com medicamentos que podem manter a estabilidade.

ABORDAGENS PSICOLÓGICAS AO TRATAMENTO

Em vez de buscar diagnosticar, as intervenções psicológicas baseiam-se em uma formulação das dificuldades de uma pessoa. Ou seja, uma explicação de como as dificuldades se desenvolveram e do que as mantém, integrando informações do corpo, emoções, pensamentos e aspectos sociais da experiência de uma pessoa. Essa abordagem combina o conhecimento da teoria e das evidências psicológicas de um terapeuta com os pensamentos e o entendimento de uma pessoa ou dos familiares sobre o que está acontecendo e sobre como a situação se desenvolveu. É parecido com montar um quebra-cabeças em conjunto para mostrar o quadro geral do que está acontecendo. Discutir e concordar em uma formulação pode ser uma intervenção por si só, pois é uma chance para que a pessoa se sinta compreendida e uma oportunidade de ver como algumas dificuldades podem estar relacionadas entre si. Isso fornece um mapa de como proceder.

Existem muitas intervenções psicológicas, incluindo abordagens comportamentais e cognitivo-comportamentais, que examinam como nossas interpretações dos eventos influenciam nossas ações. Existem também terapias que integram práticas budistas de aceitação, compaixão e *mindfulness*, e muitas estratégias para aprender habilidades de regulação de emoções e gerenciamento de impulsos. Essas modalidades são mais ou menos úteis em diferentes pontos ao longo do espectro da severidade da adicção. Quanto mais severa e compulsiva for a adicção, mais automático será o comportamento e, assim, mais difíceis serão as intervenções como terapia cognitiva, que requerem que você pense e reflita. Neste estágio, as intervenções práticas concentradas no comportamento e no ambiente são mais úteis, porque fornecem instruções concretas sobre o que fazer em situações diferentes. Por exemplo, se suas bebedeiras são desencadeadas quando você recebe o pagamento às sextas-feiras, defina débitos automáticos para ter certeza de que suas contas serão pagas, dê seu cartão do banco para um amigo ou parente de muita confiança ou planeje algo que não combine com encontrar amigos no bar, como ir para a academia. Se X, então Y. Essas são intervenções úteis no curto prazo e criam uma chance de encontrar alguma estrutura e impor um pouco de ordem ao caos.

Contudo, elas não são suficientes: muitas pessoas falam sobre o tédio e o isolamento intoleráveis que as esperam quando cortam o contato com amigos que bebem ou usam drogas, e param de frequentar os locais em que sabem que haverá tentações. Se o objeto de adicção estiver preenchendo um vazio, cortar o contato com ele pode ser saudável, mas deixa as pessoas expostas ao próprio vazio. Neste ponto, os desejos podem aumentar, e pode haver uma queda no estado de humor: "Pensei que me sentiria melhor quando parasse, mas me sinto pior! Isso é pior do que antes! Para que parar então?". Isso nos traz à ambivalência que está no cerne da adicção, e explorar isso com cuidado é uma maneira de garantir que nossa motivação não falhe ao buscar os objetivos que verdadeiramente desejamos, em vez daquilo para que somos dirigidos pelo nosso sistema de incentivo/recompensa hiperativo.

O conflito em meio à adicção

Quando alguém é dependente de algo, associações múltiplas, lembranças e compulsão impelem o comportamento por essa trilha bem demarcada. A motivação para mudar o comportamento pode vir de muitas direções, de um reconhecimento interno de que você não pode mais continuar nesse caminho, da pressão externa de amigos e parentes, ou da pressão obrigatória do sistema de justiça criminal. Isso pode ser resumido em um conflito entre o comportamento atual e os valores centrais, como você se vê ou como deseja ser. Para alguns, pode ser a percepção de que você cruzou a linha invisível para a adicção. Você sente que não pode parar, mas agora você realmente quer. Para outros, é o reconhecimento de que perderão os filhos se não pararem, ou perderão o emprego ou a vida. A motivação para mudar é alimentada pela esperança de que é possível mudar, a qual está presente nas histórias das comunidades de ajuda mútua e de recuperação, e pela inspiração que vem de encontrar pessoas que passaram pela adicção e saíram do outro lado. Ela também é alimentada pela crença de que você pode mudar, mesmo que inicialmente isso possa vir de outras pessoas porque você ainda não vê a luz no fim do túnel. A alteração do equilíbrio na direção da mudança algumas vezes é uma revelação, outras vezes é sutil, e muitas vezes a balança se move com muita frequência de volta para a adicção, seja por meio de amigos, ambiente, disponibilidade do objeto da adicção, medo de confrontar a realidade ou apenas o poder da compulsão. Então, como incentivamos as pessoas a mudar e a continuar mudando? Como mudamos?

Costumávamos pensar na motivação como um estado estático: ou você está motivado ou não. Contudo, agora ela é reconhecida como algo dinâmico e algumas vezes volúvel, que poderia variar dependendo de onde estamos e com quem estamos falando. Quando pensamos em fazer uma grande mudança na vida, é raro estarmos totalmente certos sobre o que vamos fazer e, a fim de explorar nossa ambivalência, é útil dar voz aos dois lados da história. Entrevista motivacional é um estilo de conversa baseado na teoria da autopercepção (que diz que temos maior probabilidade de fazer as coisas que nos ouvimos dizer em voz alta; Bem, 1972). Essa técnica usa habilidades de aconselhamento, então é colaboradora, empática e afirmadora, mas também é diretiva. Ao falar com alguém sobre mudança, o profissional de entrevista motivacional ouve cuidadosamente e reforça com gentileza qualquer fala sobre mudança, refletindo-a de volta para a pessoa e vinculando a mudança aos valores centrais dessa pessoa. Ao fazer isso, ele indica as discrepâncias entre o comportamento da pessoa e os seus próprios valores, por exemplo:

> Então, por um lado, você fica aborrecido por as pessoas ficarem criando caso por isso, mas por outro, houve algumas vezes em que você se preocupou por as coisas estarem um pouco fora de controle, e não é assim que você se vê.

Os criadores da entrevista motivacional, os professores de psicologia William Miller e Stephen Rollnick (2013), originalmente desenvolveram essa técnica no trabalho com uso problemático de álcool, e agora existem evidências em favor do seu uso na adicção a álcool, cigarro, drogas e jogo, bem como para promover outras áreas de mudança comportamental positiva.

Outras maneiras de explorar essa ambivalência vêm dos modelos terapêuticos de Gestalt e Schema (Nevis, 2000; Young et al., 2003), que abrem os diálogos internos que acontecem quando estamos em conflito com nós mesmos, e visam fortalecer o lado mais saudável e a superação de nós mesmos. Se nossas necessidades são supridas, nos desenvolvemos e nos tornamos adultos saudáveis e responsáveis, capazes de lidar com a maioria dos altos e baixos da vida sem ter de se esconder, compensar ou se submeter a necessidades emocionais em estado bruto. Em termos cerebrais, nós temos um córtex pré-frontal bem desenvolvido e adaptativo. Se algumas necessidades emocionais não são satisfeitas, podemos reconhecer diferentes aspectos em nossa personalidade, e algumas vezes essas partes podem estar em conflito umas com as outras. Um modo de entender isso é imaginar que você está enfrentando uma decisão a respeito de seguir ou não seu comportamento de dependência. Você pode ter emoções conflitantes a respeito disso. O que acontece se você der voz a cada uma delas? Do que sua parte assustada precisa? E a parte com raiva? Agora imagine a parte de si mesmo que você quer ser ou, se isso for muito difícil de imaginar, pense em um companheiro sábio e compassivo,[1] que se importa muito profundamente com você e só quer o melhor para você. Do que essa parte pensa que você precisa?

Uma dificuldade potencial dessas abordagens é que o indivíduo precisa de um certo nível de percepção consciente e *insight* quanto ao que estimula a adicção. Quanto mais inconscientes e automáticos forem os estímulos, mais provável será que as tentativas de mudança sejam desviadas assim que

---

1 A ideia do "companheiro sábio e compassivo" vem do conceito de "cuidador perfeito" de Deborah Lee. Ver, por exemplo: Lee, D. A. (2005). The perfect nurturer: Using imagery to develop compassion within the context of cognitive therapy. In P. Gilbert (Ed.), *Compassion: Conceptualisations, Research and Use in Psychotherapy*. London: Brunner-Routledge.

a pessoa estiver em casa e rodeada pelas "sereias" da adicção, que a puxam na direção dos antigos padrões de comportamento. Como nosso sistema de recompensa é muito eficiente em estabelecer as pistas que significam recompensa como altamente preferenciais, é como se nosso cérebro dissesse "sim" para a recompensa enquanto ainda estamos lenta e conscientemente decidindo o que queremos fazer, mesmo que nossa decisão consciente seja "não". Quanto mais forte for esse viés, mais provável será a recaída, a menos que possamos fortalecer nossa resistência a esses anseios inconscientes. Como gerenciamos as coisas de que não temos consciência?

Impulso, compulsão e autocontrole

Conforme descrito anteriormente, quando os comportamentos de dependência são automáticos, tentar controlar seu ambiente tanto quanto possível é um bom início, conhecido como "controle de estímulos". Saber que existem dois sistemas de processamento no cérebro – o sistema "impulsivo" mais rápido e o sistema "reflexivo" mais lento – significa que podemos tentar desenvolver técnicas que acessam esses dois sistemas a fim de mudar o comportamento. O sistema reflexivo responde à razão; o sistema impulsivo é mais errático e entra em ação para resolver problemas emocionais ou quando é ativado pelas pistas no ambiente. O sistema impulsivo está sempre escaneando, como um radar automático que está sempre ligado, em busca de coisas que sejam importantes ou significativas para nós. Isso é útil, na maior parte do tempo. Estamos imersos em informações e, se tentássemos dar atenção a todas, ficaríamos congelados e sobrecarregados (é interessante que isso seja o que acontece com as pessoas com autismo, que não filtram as informações da mesma maneira que a maioria, o que as expõe a um turbilhão de emoções, barulhos e informações, o que provoca comportamentos algumas vezes incomuns como um modo de manter o controle do que parece um furacão). Com comportamentos de dependência, as pistas são atraentes porque começaram como muito relevantes emocionalmente. Para gerenciá-las, precisamos de maneiras de desviar o sistema de recompensas e treinar os dois processos – "de cima para baixo" (reflexivo) e "de baixo para cima" (impulsivo) –, dominando a motivação para a recuperação do mesmo modo que foi dominada para a adicção.

Nosso sistema reflexivo tem atenção limitada; é como se nossa atenção fosse um holofote que pode passar a ter controle consciente, mas que é assumido e focalizado pelas demandas do sistema impulsivo quando ele vê algo que deseja, com a persistência de uma criança pequena que está tentando chamar atenção. *Olha aqui! Olha! Olha!* O local para o qual nossa atenção é direcionada dita o que fazemos, a menos que tenhamos maneiras de redirecionar a atenção conscientemente para onde desejarmos. Então, como treinamos nosso cérebro?

Uma maneira de "se livrar" do comportamento de dependência arraigado é dando algumas alternativas melhores ao sistema de recompensas, usando os mesmos processos de condicionamento operante que nos meteram na confusão em primeiro lugar. As intervenções comportamentais oferecem recompensas ou incentivos para comportamentos específicos e têm sido usadas para modificar comportamentos em muitos contextos, como no uso de gráficos de estrelas para crianças. No tratamento de drogas e álcool, a abordagem da gestão de contingência é desenvolvida sobre essa ideia. Por exemplo, sabemos que as pessoas que concluem o tratamento têm maior probabilidade de permanecer em recuperação, mas as taxas de abandono são altas. O tratamento muitas vezes é desafiador e, às vezes, é mais fácil escorregar de volta a padrões antigos, o que significa que o tratamento deve usar as ferramentas da recompensa. As recompensas são combinadas com a pessoa, mas os estudos têm incluído coisas como *vouchers*, mais flexibilidade em relação aos arranjos de prescrição ou outras formas de apoio. As recompensas contingentes aumentam a probabilidade de a pessoa continuar o tratamento, aderir aos planos de tratamento e reduzir o uso de substâncias (Petry, 2000). Todos nós fazemos coisas porque queremos a recompensa no final do trabalho que realizamos e, mesmo quando sabemos que queremos isso, a motivação pode falhar. A gestão de contingência é muito efetiva, mas seu uso nos diversos serviços ainda é desigual em resultado de pouca vontade política e da cobertura da mídia sobre "recompensar viciados por usar drogas", ou seja, com a conotação mais uma vez de que os viciados em drogas são maus, inúteis e devem ser punidos, não recompensados. Isso agora está mudando em algumas áreas por causa da força dos resultados. O uso de tratamentos baseados em evidências tem benefícios claros para as pessoas com adicções e para as comunidades ao redor delas. Outras abordagens, como a abordagem de reforço comunitário, integram sistemas de recompensas para alterar o ambiente social da pessoa, de modo que as redes de relacionamentos podem começar a reforçar comportamentos mais apropriados e não adictivos (Smith et al., 2001).

Podemos treinar o cérebro para achar as pistas de recompensas menos atraentes? Há pesquisas que têm mostrado que manter algo em sua memória de trabalho (sua memória imediata, a parte que você poderia usar ao repetir um número de telefone para se lembrar dele, por exemplo) ajuda os processos "de cima para baixo", concentrando a atenção em um único objetivo – "Quando chegar à festa, vou pedir um refrigerante" –, embora essa estratégia possa ser pouco eficaz se confrontada com uma ampla gama de pistas inconscientes, sendo vítima da "fadiga do ego", descrita no Capítulo 2 (Ryan, 2013). De modo geral, ao tentar treinar seu cérebro para gerenciar impulsos, as respostas estão em definir objetivos claros e atingíveis, e fazer isso de modo simples. O treinamento de solução de problemas e a definição de objetivos SMART[2] (específicos, mensuráveis, atingíveis, realistas e limitados no tempo) são maneiras de desenvolver objetivos que gradualmente vão na direção de um resultado esperado. A chave aqui é a formatação gradual de comportamento, porque quanto mais você atingir pequenas metas, mais confiança você sente para os próximos passos; o "gradualismo" descrito por Scott Kellogg (2003). Talvez você esteja desempregado há algum tempo e queira voltar ao trabalho por saber que, se fizer isso, terá menos tempo para beber e se sentirá melhor consigo mesmo. A meta "conseguir um emprego" é enorme e pode parecer insuperável, e quanto mais sobrecarregado você se sentir, maior probabilidade terá de enfiar a cabeça de novo na areia (ou na garrafa). Se suas metas forem menores e mais atingíveis, você terá mais chance de sucesso. Por exemplo, olhe as páginas de anúncios de emprego e decida a quais empregos você pode se candidatar. Escolha um. Peça a um amigo que ajude você a preencher o formulário da vaga. Veja se existe algum trabalho voluntário que você pode fazer para conseguir mais experiência. Defina prazos para você mesmo, de modo a saber quando a meta foi alcançada, por exemplo,

2 A sigla SMART significa inteligente em inglês e é formada pelas iniciais das palavras *specific*, *mensurable*, *achievable*, *realistic* e *time-limited* [N.T.].

"Vou encontrar três vagas para me candidatar até domingo". O mesmo se aplica aos comportamentos de dependência. O objetivo "parar de usar" é complicado, mas as metas menores de "ter dois dias na semana em que não vou usar drogas, encontrar um grupo de autoajuda, contatar um grupo de autoajuda, dizer a alguém que preciso parar de usar drogas, encontrar o telefone do serviço local de drogas, contatar o serviço local de drogas" são todas infinitamente mais atingíveis e permitem que sejam dados pequenos passos para levar você mais perto de seus objetivos.

Simplesmente saber como nosso cérebro funciona também pode ser útil. Nosso cérebro é complexo, e podemos algumas vezes nos julgar duramente por processos que são automáticos e que não estão realmente sob o nosso controle. O psicólogo clínico Frank Ryan (2013) indicou que se você estiver tentando mudar um comportamento de dependência e tiver notado com qual frequência sua atenção é atraída pelas pistas de adicção – o corredor de bebidas alcoólicas no supermercado, o papel alumínio e as colheres na cozinha de alguém (essas podem ser pistas significativas para o uso de heroína), a página de um fórum de jogo online –, isso pode ser desanimador. "Estou fazendo todo este trabalho, mas ainda não consigo ignorar isso... Ainda devo estar viciado... Ainda devo querer se estou notando isso o tempo todo... Vou acabar usando de novo... Ainda sou basicamente um dependente." Essa trilha incansável de preocupação e pensamentos sobre o que o "notar" significa sobre você e suas perspectivas pode desgastar a força de vontade e aumentar a probabilidade de uma recaída. E se em vez disso, quando reparar que sua atenção está sendo chamada para o objeto de sua adicção, você disser a si mesmo: "Tudo bem. Isso não significa nada. É só o meu cérebro sendo complicado. Eu sei o que eu quero mudar. Isso não significa que eu vou desistir", e suavemente guiar sua atenção de volta para onde você quer estar. O processamento preferencial associado com os comportamentos de dependência é uma peculiaridade normal do sistema de recompensas, não um sinal de que seu compromisso está enfraquecendo.

Esse processo de treinar a atenção está no centro da meditação *mindfulness*, que tem sido promovida há anos (ou milênios, se você voltar aos ensinamentos budistas) como uma maneira de encontrar o equilíbrio e aumentar o controle consciente. A meditação aumenta a consciência dos processos da mente e ensina a aceitação da sua experiência presente. Por meio dessa prática de se soltar da reação automática, ela se opõe ao "desejo" de nossos "fantasmas famintos". Ela fornece um modo de sair da intrusão e da compulsão que caracterizam os comportamentos de dependência. Ela nos ensina a treinar a atenção e, cada vez que a atenção se afasta, a guiá-la suavemente de volta, além de praticar a percepção consciente da experiência momento a momento sem julgamento. Isso se baseia em um *ethos* de compaixão, de modo que você não se culpa por essas reações, mas se movimenta para aceitá-las e se desapegar delas. A prática de "estar consciente de tudo o que está presente", com uma base de curiosidade e aceitação compassivas, também aumenta nossa capacidade de perceber algumas das necessidades inconscientes que podem estar estimulando a adicção. Como o anseio se manifesta no corpo? Que pensamentos passam pela mente? Algumas vezes, buscar comida, droga ou distração é uma maneira de evitar "aquilo que está presente", e aprender modos alternativos de suprir essas necessidades subjacentes as coloca sob um controle mais consciente.

Pensar sobre o pensar

Sabemos que os processos que levam aos comportamentos de dependência e que os mantêm são influenciados por nossas crenças e nossas atitudes. A terapia cognitivo-comportamental é uma terapia projetada para transformar o indivíduo em um terapeuta de sua própria experiência, observando seu comportamento, entendendo seus gatilhos (nos pontos em que temos consciência deles) e reconhecendo a influência de pensamentos e crenças. As crenças sobre comportamentos de dependência são importantes. Podem ser sobre nossa autoeficácia: "Não posso ficar sem beber" ou "Eu posso fazer isso"; nossas expectativas sobre o que o comportamento nos dará: "Eu vou me sentir melhor... Não vou me sentir assim... Vou ficar no controle... Não vou sentir"; dar permissão a nós mesmos: "Uma vez não vai fazer mal... Não vou demorar muito... Eu mereço isso" (Mitcheson et al., 2010). O modo como pensamos influencia como nos sentimos, nossas respostas físicas e nosso comportamento. Os padrões de pensamento são hábitos como os comportamentos de dependência, e se estamos acostumados aos nossos pensamentos seguindo caminhos particulares, isso pode ser difícil de mudar.

Se nos sentimos para baixo, é como se nossos pensamentos pusessem um filtro negativo em tudo que vemos, de modo que nos inclinamos a uma visão pessimista de nossas perspectivas, de nosso potencial e de nós mesmos. Nós nos sentimos bravos, vemos injustiças e fraquezas pessoais em todos os lugares para que olhamos. A terapia cognitivo-comportamental explora esses padrões e os relacionamentos entre eles e nos ajuda a separar as coisas. Nós não somos nossos pensamentos nem nossas emoções, e dar um passo para trás para desafiá-los pode nos ajudar a nos sentir mais no controle. Se você estiver fazendo um tratamento com terapia cognitivo-comportamental, você e seu terapeuta podem definir experimentos comportamentais para testar crenças específicas. Você pode pensar: "Não consigo ficar sem um drinque – se ficar, não vou conseguir falar com ninguém e todos vão rir de mim. Serei humilhado", e definir um experimento em que você concorda em testar isso. Você pode se armar com algumas ideias sobre iniciar uma conversa e talvez com alguns amigos de confiança para ajudá-lo. Se você descobrir que seus piores medos não se concretizaram, você terá uma grande injeção de confiança. Se o experimento não der certo, ele também é útil, pois você pode pensar sobre o que deu errado e adaptar sua abordagem na próxima vez. Aprender sobre como nossas interpretações influenciam nossas emoções e nosso comportamento pode nos ajudar a entender os ciclos de comportamento de dependência que nos mantêm presos.

Adicção e emoção: encontrando o equilíbrio

Emoções, como desejos e anseios, atuam como ondas, passando sobre nós com diferentes níveis de intensidade e algumas vezes nos carregando. Comportamentos de dependência e dificuldades emocionais podem ter se originado nas mesmas raízes de adversidade inicial, ou porque a exposição de longo prazo a um comportamento de dependência influenciou os sistemas de regulação da emoção do cérebro. Lembre-se de que, quando nosso sistema de estresse está em alerta máximo, ele tem dificuldade para pensar e é mais difícil controlar os impulsos. Sob a pressão crescente, todos nós tendemos a retornar aos modos habituais de reação, assim, aprender a controlar as emoções é uma parte vital de gerenciar comportamentos de dependência. Isso é verdadeiro quer seu comportamento de dependência tenha se desenvolvido como uma maneira de gerenciar as emoções, quer seja a sua adicção que está perturbando suas emoções. O uso de drogas e de álcool pode deprimir ou ampliar as emoções, muitas vezes intensificando as próprias emoções que estamos tentando gerenciar. O perigo de fumar maconha para relaxar e se sentir menos ansioso, ou de usar heroína, ou de tomar bebidas alcoólicas, é que quando a abstinência se manifesta, a ansiedade e a agitação aumentam por causa da forma como as substâncias são metabolizadas. Essas questões podem ser um problema específico para as pessoas que usam fármacos benzodiazepínicos, como diazepam, para lidar com a ansiedade, pois a tolerância a esses fármacos aumenta rapidamente, e isso começa a criar sintomas de rebote de ansiedade e insônia quando há abstinência em seu sistema. Se você não reconhecer isso como abstinência, você pode se ver preso em um ciclo de tomar mais dos fármacos que estão causando os seus sintomas. Se o uso de substâncias se tornou uma maneira de evitar os sentimentos, e isso acontece há muito tempo, experimentar suas próprias emoções pode dar a impressão de que você está enlouquecendo porque elas parecem estranhas a você. Embora seja difícil de tolerar, isso também oferece uma oportunidade para se conhecer, entender como e por que você se sente desse modo e aprender a surfar essas ondas.

Reconhecer como nos sentimos é o primeiro passo na direção de gerenciar emoções, independentemente do tamanho das ondas. Nós precisamos aprender sobre o que realmente sentimos e aquilo de que realmente necessitamos porque não é o objeto da adicção, por mais atraente que ele possa parecer. Algo tão simples como dar um nome a uma emoção, por mais avassaladora que seja, pode lhe dar um barco para navegar sobre as ondas: "Eu me sinto sobrecarregado"; "Estou muito ansioso"; "Estou muito bravo". Isso lhe dá uma chance de perguntar: "O que posso fazer a respeito disso?", em vez de se sentir carregado e cegado pela emoção. E o que você pode fazer a respeito disso? Algumas vezes tem a ver com considerar quanto controle você poderia ter sobre a situação e decidir o que deixar de lado. Embora isso possa ser difícil, ir em direção às dificuldades em vez de evitá-las permite que você considere quais problemas pode vencer e quais deve deixar de lado por enquanto. Estado de humor baixo e agitação podem ser ampliados por tédio e isolamento, então é útil criar uma programação para si mesmo e pensar sobre atividades que lhe dão uma sensação de prazer ou realização – esta é uma estratégia conhecida como "programação de atividades" em termos de terapia. Essas estratégias podem ser melhoradas encontrando frases de incentivo para se lembrar do que você está tentando fazer para mudar as coisas para si mesmo, como "Eu posso lidar com isso, já sobrevivi a muitas coisas e vou sobreviver também a isso"; "Se eu comer isso, vou me sentir melhor no curto prazo, mas isso não vai durar. Eu quero me sentir melhor no longo prazo". Se você puder, peça a pessoas em quem confia para lhe darem também afirmações positivas e de incentivo, para agir como uma evidência de sua própria força quando isso for difícil de perceber por si mesmo.

A prática de "surfar no anseio" é extraída da *mindfulness* e pode ser usada em resposta a desejos e emoções (Marlatt, 2002). Esse é um exercício útil, em especial se você temer suas emoções e as consequências delas. Isso significa apenas ficar com a emoção, não tentar se esconder dela nem a mudar, aceitando-a como ela é, e se manter no sobe e desce, como um surfista que pega uma onda. Você pode cair de vez em quando, mas tudo bem. Isso tem a ver com a prática, e cada vez em que você conseguir se equilibrar e surfar a onda, você estará treinando seu cérebro para pausar antes de reagir e mostrando a si mesmo que é capaz de lidar com isso. As estratégias de relaxamento, como treinar sua respiração ou encontrar estratégias que acalmem seus sentidos (como quadros calmos, perfumes calmantes ou coisas macias para tocar), são modos úteis de ensinar a si mesmo a gerenciar as manifestações físicas de ansiedade e agitação, como tensão e coração disparado. Arte, música e dança podem ser maneiras de expressar coisas para as quais você ainda não tem palavras. Deixar a respiração mais lenta e mais profunda ativa o sistema nervoso parassimpático do corpo, o antídoto para a resposta de "luta ou fuga". Embora pareça mais fácil falar que fazer, se aprender a controlar sua respiração, você aprende a controlar sua mente. Parte disso é simplesmente cuidar de si mesmo – fale consigo mesmo com gentileza, garanta sono suficiente e boa alimentação. A mudança às vezes começa na crença de que você merece que as coisas sejam melhores.

MANTENDO AS MUDANÇAS

Gerenciar emoções e aprender como controlar impulsos são dois componentes cruciais para mudar comportamentos de dependência, mas mudar seu estilo de vida raramente é um processo suave e sempre há desafios ao longo do caminho. Algumas vezes isso pode vir daqueles vieses internos inconscientes, outras, de pressões sociais e culturais externas para não mudar. Se mudar seu comportamento envolve se afastar de um grupo do qual você faz parte há muito tempo, o grupo pode resistir a esse "novo você". A conexão entre estresse e recaída tem sido explorada há décadas, especialmente pelo grande professor Alan Marlatt, já falecido, que junto com muitos colegas mudou a visão da recaída de "não fale sobre isso ou você vai fazer isso acontecer" para um programa com nuances e baseado em evidências de entendimento dos fatores que contribuem para a recaída a fim de desenvolver habilidades para evitá-la. Essa abordagem é útil não só para comportamentos de dependência, mas também para outras dificuldades de saúde mental. Ele e sua colega Katie Witkiewitz delinearam um "modelo dinâmico de recaída" em 2004, que se afasta do entendimento da recaída como algo linear: "isso acontece, depois isso acontece", para um reconhecimento de que existem diversos fatores complexos interagindo para determinar se alguém usa ou não usa drogas em determinado momento (Witkiewitz & Marlatt, 2004). A recuperação raramente é uma estrada suave: a mudança tende a acontecer gradualmente, embora a complexidade do sistema deixe espaço para as histórias de pessoas que simplesmente acordaram um dia e pararam de uma vez.

Para que alguém se afaste de qualquer comportamento de dependência, a vida sem adicção precisa ser recompensadora e gratificante. Vimos no Capítulo 3 que as pessoas cuja vida tem sido uma luta desde os primeiros dias têm maior probabilidade de buscar maneiras menos saudáveis de lidar com isso. Encontrar algum prazer e propósito na vida é uma maneira de garantir que a atração do comportamento de dependência será enfrentada por uma atração mais forte de relacionamentos seguros, atividade intencional, um robusto senso de autoestima e uma vida que valha a pena. Tem a ver com a construção do "capital de recuperação", os recursos internos e externos que são necessários para fazer e manter mudanças (White & Cloud, 2008). Mudar comportamentos de dependência pode envolver uma mudança na identidade, tanto mais profunda se o comportamento de dependência começou quando a pessoa era jovem. Mesmo no caso daqueles cujo cérebro foi mais significativamente afetado pelo uso de drogas ou álcool durante um longo tempo e pela autonegligência e pela saúde frágil que acompanham essa situação, alguma mudança é possível, embora mais ajuda externa possa ser necessária. Alan Marlatt e sua equipe reconheceram que, para ser mantida, a mudança precisa ser um processo de longo prazo, e o acesso a apoio deve continuar além das semanas ou meses geralmente oferecidos pelos serviços de tratamento. É aqui que o apoio social e da comunidade pode ser crucial, fornecendo uma rede de segurança para perceber e consolidar esses passos em direção à mudança, fortalecendo e apoiando a identidade nova e mais saudável de uma pessoa.

5

SEGURANÇA EM NÚMEROS: ALIMENTANDO OS FANTASMAS FAMINTOS

Os relacionamentos são cruciais para a recuperação da adicção, tanto que introduzir mesmo uma única pessoa sóbria na rede de alguém que faz desintoxicação de álcool reduz a probabilidade de recaída em 27% (Litt et al., 2007). Desenvolvemos e adaptamos nossas identidades em conexão com aqueles que nos rodeiam, cujas opiniões valorizamos e em cujo julgamento confiamos, escrevendo e reescrevendo as histórias que contamos sobre nós mesmos. Para encontrar o espaço entre desejo ou anseio e ação, precisamos imaginar um eu futuro que é mais valioso que a recompensa imediata para tornar a história de nossa vida potencial, sem adicção, mais atraente. Então, como podemos usar os relacionamentos para facilitar a recuperação, em pequena escala dentro das famílias e dos grupos de amizade e, em maior escala, nas comunidades e na sociedade? Nossos grupos sociais locais têm um grande papel na definição de parâmetros de comportamento aceitável, e podem limitar ou incentivar os comportamentos de dependência, influenciados também por nossa localização, nosso ambiente e a disponibilidade de substâncias. Muitos grupos foram formados a partir da reunião de pessoas para se apoiar mutuamente e aprender umas com as outras, e um dos melhores quando se fala sobre recuperação de adicção é o Alcoólicos Anônimos (AA).

O PODER DE UMA IRMANDADE

O AA começou em 1935 em Ohio (EUA), quando Bill Wilson e o dr. Bob Smith se encontraram e usaram as ideias de irmandade de suas próprias recuperações para desenvolver os 12 passos que ainda formam a base da filosofia e dos métodos do AA (AA, 2001). Originalmente, o AA via a adicção como uma "aflição" mental e espiritual, mas depois adotou o modelo de doença. Ele foi criado para oferecer apoio mútuo, reunindo pessoas que querem parar de beber e incentivando isso por meio de experiência compartilhada, honestidade e trabalho com os passos. Você é um especialista em sua própria experiência, e tudo que tem de fazer é estar presente. Foi revolucionário em seu reconhecimento de que as pessoas viciadas em álcool precisavam de ajuda, não de julgamento, e de que a recuperação era possível. Para conseguir isso, você precisa admitir sua impotência essencial diante de sua adicção, reconhecer que você tem uma doença incurável por causa de uma vulnerabilidade pessoal ao álcool e ver a abstinência como a única opção. Pedem que você confie em uma autoridade mais elevada, mas essa autoridade pode ser qualquer coisa que você escolha. Ao aceitar ajuda, você trabalha na direção de se tornar capaz de ajudar outros. Não há hierarquia. Os grupos são organizados e facilitados pelos membros, e os novos membros são incentivados a buscar um "padrinho" (alguém mais adiantado no caminho, cuja recuperação "você quer") para mentorá-los nas primeiras reuniões e ajudá-los a comparecer.

Os 12 passos foram adaptados para apoiar quem tem adicção a narcóticos (NA, nos anos 1950) e desde então têm crescido para desenvolver grupos de apoio para cocaína (Cocainônimos Anônimos), jogos (Jogadores Anônimos), compulsão alimentar (Comedores Compulsivos Anônimos) e familiares de uma pessoa que lute contra a adicção (Al-Anon), todos baseados no modelo de 12 passos. A adicção isola e envergonha, assim, a rede de suporte fornecida pelas irmandades de 12 passos pode ser a primeira, e algumas vezes a única, rede social segura e sem julgamento de alguém. Alguns dos componentes dos 12 passos espelham ideias da terapia cognitivo-comportamental e da prevenção de recaída, por exemplo, examinar como o pensamento influencia o comportamento, conhecido como "*stinking thinking*" (pensamento negativo "fedido") nas irmandades. A repetição e a estrutura previsível dos grupos fornecem um modo efetivo de criar novos hábitos, e também uma forma de reabilitação para aqueles no início da recuperação de adicção a drogas e álcool que podem ter dificuldade para lembrar, planejar e resolver problemas efetivamente. A abertura dos grupos para pessoas em todos os estágios de recuperação oferece exposição à esperança de recuperação, e também a exemplos vivos das armadilhas e dos desafios potenciais. A participação regular – e as pessoas são incentivadas a frequentar trinta reuniões em trinta dias – garante que o objetivo de abstinência seja mantido em mente e fortalecido a cada reunião. Os grupos de 12 passos têm ajudado milhões de pessoas a colocar a vida de volta nos trilhos. Eles abriram caminho para muitos outros grupos de ajuda mútua e de autoajuda, como o treinamento para a autogestão e a recuperação (Recuperação SMART), um grupo que usa princípios da terapia cognitivo-comportamental para ensinar habilidades de superação e está aberto a qualquer pessoa que busque mudar qualquer comportamento compulsivo ou de dependência, sem necessariamente especificar um objetivo de abstinência. A Recuperação SMART também oferece grupos online que podem ser vitais para quem não consegue comparecer a reuniões (UK Smart Recovery, 2016). A gama de opções de autoajuda agora disponíveis garante uma escolha para as pessoas que buscam um grupo de apoio, qualquer que seja seu objetivo inicial.

Embora sejam uma parte essencial de um sistema que promove recuperação, existem prós e contras em relação aos grupos de autoajuda, e é útil estar totalmente informado sobre eles. O psicólogo Stanton Peele diz sobre o AA: "o melhor que podemos dizer sobre o AA é que ele funciona para aqueles para quem ele funciona" (Peele et al., 1992). As evidências disponíveis sobre eficácia do AA são mistas, embora algumas mostrem altas taxas de abstinência para aqueles que o frequentam com regularidade. Uma revisão abrangente das evidências realizada em 2006 não encontrou provas convincentes de sua eficácia (Ferri et al., 2006). A adoção pelo AA do modelo de doença levou a visões extremas em alguns grupos: se você não aderir à abordagem dos 12 passos, ou mesmo se você aderir e recair, a culpa é sua. Você não seguiu os passos. Você está inventando desculpas se falar sobre suas razões para beber ou usar. Você não se esforçou o bastante. E assim voltamos ao moralismo do século XIX. Sem uma estrutura de grupo apoiadora, os passos podem ser punitivos e promover a ideia de que as pessoas viciadas precisam "chegar ao fundo do poço" antes de ter incentivo suficiente para mudar, apesar de muitas pessoas terem confrontado repetidos traumas.

Maia Szalavitz (2016) indica que "a realidade é que esse 'fundo' é um dispositivo narrativo em uma história de pecado e redenção, não uma descrição médica de um estágio crucial na recuperação de adicções" (p. 184). A recuperação é ampliada quando tratamentos são empáticos e capacitadores, e existem muitos caminhos para a recuperação, dentro e fora das irmandades de 12 passos. As irmandades e outros grupos de autoajuda também são tão variados quanto numerosos e, como em qualquer grupo, podem surgir problemas. A exploração sexual tem sido destacada tão frequentemente que tem sido chamada de "13º passo", quando uma pessoa no início da recuperação é seduzida por alguém com mais tempo de sobriedade ou estabilidade. Os grupos também podem ser usados como oportunidades de marketing para traficantes de drogas em busca de novos clientes, expondo pessoas vulneráveis a novos danos, embora muitos grupos sejam capazes de perceber esses problemas e lidar com eles rápida e efetivamente. Se você estiver pensando em frequentar um grupo de autoajuda de 12 passos ou de outro tipo, é útil visitar alguns e falar com diferentes pessoas sobre as experiências delas, antes de decidir sobre um grupo e um padrinho em que você possa confiar e com que possa se envolver.

Ressalvas à parte, grupos de apoio entre pares, de autoajuda e de 12 passos são parte de um sistema que apoia a recuperação. Algumas das dificuldades de grupos de 12 passos podem resultar de sua dominância no campo do "tratamento" da adicção, o que levou à sua adoção por muitos serviços de tratamento especializado. Os grupos de 12 passos não são terapias, e seus defensores não são terapeutas. Nunca se esperou que fossem. A força deles está na abertura a todos, no compartilhamento de experiências pessoais e nas redes de apoio que fornecem para as pessoas, pelo tempo que elas precisarem. Nenhum serviço especializado pode oferecer isso. As pessoas que chegam aos grupos pela primeira vez podem nunca ter experimentado essa sensação de aceitação e apoio, e a força dessa conexão e a esperança que ela oferece são incalculáveis. Sua ênfase em ajudar os outros para se recuperar também influenciou a criação de grupos de apoio entre pares, que podem agir como pontes valiosas entre os serviços de tratamento e a comunidade, oferecendo exemplos visíveis de esperança e possibilidade (White, 2009). Como o mestre budista Thich Nhat Hanh (2007) diz, "temos de construir um pouco de comunidade em todo lugar para que esses fantasmas famintos possam encontrar refúgio".

UM CASO DE FAMÍLIA

Existe uma cifra informal frequentemente citada em casos de drogas e álcool que diz que para cada pessoa com uma adicção, quatro outras são significativamente afetadas. Isso inclui pais, irmãos, parceiros e amigos; as pessoas que juntam os pedaços, limpam as confusões, sofrem perda, raiva e dor ou, infelizmente, em alguns casos, aumentam a toxicidade. Em todo o mundo, uma estimativa muito conservadora sugere que 100 milhões de adultos poderiam ser afetados pelos problemas de adicção de um parente, trazendo maior estresse, problemas de saúde e um fardo pessoal e econômico global (Orford et al., 2013). Foram criados grupos de autoajuda focados na família, como Al-Anon e Gam-Anon (para parentes de pessoas com problemas de álcool e jogo), e uma gama de intervenções psicológicas têm sido criadas para satisfazer às necessidades das famílias.

Existe um componente de treinamento da família na abordagem de reforço comunitário, que treina os membros da família para reforçar comportamentos que não sejam de dependência, com uma ênfase específica em apoiar os usuários de drogas em tratamento (Meyers et al., 1999). Existem também intervenções que trabalham com famílias inteiras, ou com as redes de relacionamentos sociais, como terapia de família, ou terapia de rede de comportamento social (SBNT; Copello et al., 2002). Elas reconhecem que é mais provável que sejamos capazes de mudar, e de manter as mudanças, se tivermos uma rede de relacionamentos forte nos incentivando e apoiando. A fim de fortalecer a rede, a terapia de rede de comportamento social oferece treinamento em diversas técnicas, como habilidades de comunicação e de superação, e planejamento para "escorregadas" e recaídas que considera toda a rede social ou familiar.

Em algumas intervenções focadas em doença, as tentativas da família de ajudar podem ser criticadas como "facilitando" o vício ou incentivando a codependência. O mais frequente é que os membros da família sejam pessoas comuns tentando lidar com uma situação complexa e muito estressante, e os comportamentos de dependência enfraquecem todos que estão presos neles. Isso é subjacente à estrutura de apoio e superação do estresse e da tensão desenvolvida por Jim Orford e seus colegas (2010), que se afasta de responsabilizar os membros da família pelas dificuldades, oferecendo-lhes no lugar um modo de recuperar a responsabilidade e o controle de sua situação. O modelo reconhece que famílias e indivíduos com comportamentos de dependência tipicamente fazem o que podem para lidar com situações estressantes, mas se as estratégias de superação não funcionam, a tensão sobre a família aumenta, levando a todo tipo de problemas de saúde física ou mental. O modelo levou a uma intervenção aparentemente simples, conhecida como o "método de 5 passos". Os cinco passos envolvem examinar as necessidades específicas da família, fornecer informações, explorar as respostas e as estratégias de superação da família, melhorar o suporte social e procurar outras formas de assistência que possam ser úteis. O método enfatiza que a adicção coloca os membros da família sob estresse significativo, assim, melhorar a capacidade de superação da família de modo mais geral melhora as coisas para os membros da família e para a pessoa com a adicção. Ele é flexível o bastante para ter sido adaptado a diferentes situações em todo o mundo, e tem tido resultados promissores em diferentes países e grupos culturais, de comunidades indígenas rurais mexicanas a grupos de maioria branca e minoria muçulmana na Inglaterra (Copello et al., 2010).

Cada família pode precisar de maneiras diferentes para lidar com uma situação disfuncional, e o que é certo para uma pode ser terrível para outra. Fazer algo como comprar álcool para um parceiro que o quer para aliviar os sintomas de abstinência tem sido julgado como "facilitar a adicção". Mas e se o parceiro ficar raivoso e imprevisível sem o álcool? Essa é a melhor opção para proteger seus filhos e você mesmo? Cada estratégia terá prós e contras em situações específicas, e o método de 5 passos fornece uma maneira de explorar isso, bem como de oferecer informações específicas para capacitar e aconselhar o membro da família e apoiar a segurança para todos.

E quando existem crianças na família? Ter um pai ou mãe que usa drogas ou bebe demais não afeta automaticamente a criação dos filhos nem coloca as crianças em risco, mas torna mais provável que haja problemas e aumenta o risco de violência. Como você pode lembrar do Capítulo 3, o uso problemático de drogas ou álcool pode criar "experiências adversas precoces" para as crianças, porque torna mais difícil para os pais fornecer um ambiente acolhedor e previsível. O impacto pode também existir no útero: as crianças cujas mães não conseguem parar de beber enquanto estão grávidas correm o risco de desenvolver distúrbios do espectro da síndrome alcoólica fetal (DESAF), o que pode resultar em dificuldades de aprendizagem, além de muitos outros problemas físicos e comportamentais. Os números sugerem que cerca de 8,3 milhões de crianças nos Estados Unidos vivem com um dos pais com adicção (FADA, 2013), e no Reino Unido existem 3,85 milhões de crianças que vivem com pelo menos um dos pais usando drogas ou álcool de maneira problemática (ACMD, 2011; Manning et al., 2009). A adicção distorce as prioridades e, algumas vezes, isso significa que as partes mais importantes da vida são deixadas de lado conforme a atenção e os recursos são concentrados no objeto do desejo. Para uma criança, isso pode ser desconcertante e incrivelmente doloroso. As pesquisas que exploram as experiências de crianças que vivem nessas situações nos dizem que pode parecer que existe um elefante na sala, "uma presença imensa e dominadora impossível de ser ignorada pelas crianças" (Kroll, 2003, p. 132), mas que muitas vezes é ignorada, minimizada ou negada. Pode haver experiências de perda, pesar, vergonha, ressentimento e raiva e, em situações de abuso ou violência, medo disseminado. Nessas situações, as crianças são obrigadas a crescer depressa demais, algumas vezes cuidando dos adultos que têm dificuldades de cuidar de si mesmos, e as necessidades físicas e emocionais delas algumas vezes não são supridas. Onde há ajuda disponível, pode ser difícil para as crianças falar sobre o que está acontecendo, por um desejo de proteger e permanecer leal a seus pais ou por medo de que a família seja desfeita. Elas podem precisar de um relacionamento seguro e confiável para conseguir se abrir a respeito do que está acontecendo em casa, com consciência de como as informações serão usadas e das possíveis implicações disso. Equipes bem treinadas e com recursos em escolas, serviços sociais e serviços para crianças, com tempo para construir relacionamentos com as crianças e as famílias, podem oferecer conexão, segurança e apoio, e evitar que a situação se deteriore sempre que possível.

COMO A SOCIEDADE SEMEIA AS SEMENTES DA ADICÇÃO

As famílias são influenciadas pelas comunidades e as sociedades em que estão integradas e, como sabemos, o desenvolvimento cerebral é intrinsecamente social. Respondemos à pressão social da autoridade e de nossos pares. Em sociedades em que a violência contra as mulheres é normal, até mesmo aceitável, isso ocorre com muito mais frequência. Onde a violência é inaceitável e criminalizada, a frequência cai significativamente. Em culturas em que o álcool é proibido por razões religiosas, como a igreja mórmon ou a religião muçulmana, as taxas de abstinência de álcool tendem a ser acima de 70% (Michalak et al., 2007). Como vimos no Capítulo 3, sabemos que os comportamentos de dependência têm maior probabilidade de se enraizarem em alguém que tem sido negligenciado ou privado de cuidado, mas também se desenvolvem em resultado da repetição e da oportunidade, especialmente em ambientes que incentivam excessos. O uso problemático de drogas e álcool parece mais provável em algumas comunidades, como as áreas de muita privação, alguns grupos de imigrantes e de povos indígenas. Será que isso significa que existem grupos de pessoas que têm maior probabilidade de se viciar? Os grupos aborígenes na Austrália têm uma taxa de vício em álcool duas vezes mais alta que o resto da população. Será que eles têm genes diferentes e são mais suscetíveis? Espero que, neste ponto, você já saiba que a resposta é um claro não.

Existem algumas diferenças genéticas no modo como o alcoolismo é metabolizado entre alguns grupos. Algumas pessoas do leste da Ásia são hipersensíveis até mesmo a pequenas quantidades de álcool e desenvolvem o que algumas vezes é chamado de "rubor asiático". É semelhante a uma reação alérgica ao álcool, causando náusea, dor de cabeça, suor, palpitação e rubor (o que lhe dá o nome). As pessoas com essa vulnerabilidade genética tendem a evitar o álcool, pois se sentem muito mal, mas o poder da pressão dos pares algumas vezes supera isso, e existem relatos de jovens que tomam antialérgicos antes de beber, como uma maneira de diminuir os efeitos, a fim de beber com os amigos. A resposta de vermelhidão é causada por duas mutações genéticas, uma que leva o álcool a ser quebrado muito mais rapidamente em seu metabólito acetaldeído, e outra que quebra o acetaldeído muito mais lentamente. Essa é uma notícia perigosa para aqueles que continuam a beber apesar de sua reação desconfortável porque o acetaldeído é muito mais tóxico que o álcool, e as pessoas com essas mutações têm um risco mais elevado de câncer esofágico e problemas do trato digestivo (Brooks et al., 2009). Esse é um exemplo infeliz de como fatores sociais e culturais podem superar uma tendência para evitar o álcool.

Porém, não há vulnerabilidades genéticas entre as populações indígenas que explique as maiores frequências de comportamentos de dependência. Antes da chegada dos europeus, não havia uso de álcool entre os povos nativos canadenses e os maoris da Nova Zelândia, e havia uso limitado pelos aborígenes australianos. Depois da chegada dos colonos europeus, que efetivamente introduziram o álcool na Austrália, o uso entre os aborígenes aumentou até níveis similares ao que era visto entre os próprios colonos (Saggers & Gray, 1998). Expropriações, doenças, mudanças forçadas de diferentes grupos tribais para reservas, exclusão social, trauma, pobreza e racismo destruíram grande parte da conexão social e da cultura dos aborígenes e, é claro, contribuiu para o uso prejudicial do álcool. A "geração roubada", o grupo de aborígenes que, quando crianças, foram legal e forçadamente removidos de suas famílias, tem duas vezes mais probabilidade de usar álcool e drogas de maneiras prejudiciais (Zubrick et al., 2004). As perdas profundas sofridas por povos nativos, a quebra e a destruição da narrativa da identidade cultural deixaram uma lacuna que muitas vezes é preenchida por álcool e drogas, tornando mais provável que a próxima geração também cresça traumatizada. Existem taxas mais elevadas de problemas de saúde mental, suicídio, problemas físicos e sociais entre alguns grupos de populações indígenas, embora não em todos. As comunidades que preservaram e restauraram as tradições culturais e que conseguiram controlar serviços como saúde e educação mostram taxas mais baixas de suicídio e problemas de saúde mental, e melhores taxas de recuperação dos comportamentos de dependência (Chandler & Lalonde, 2008).

Nossos sistemas de resposta ao estresse foram preparados para responder a ameaças físicas e sociais há milhares de anos, mas agora a grande maioria das ameaças que confrontamos é complexa e cheia de nuances. Passando dos grupos indígenas para as comunidades carentes no Reino Unido, existem paralelos na perda de propósito, na perda de uma narrativa comunitária e das tradições, na perda de trabalho e no deslocamento. Existem similaridades nas dificuldades enfrentadas globalmente pelas pessoas que foram "expulsas da sociedade, não têm voz ativa nem papel ativo no sistema econômico além de lançar medo sobre os que estão nele" (Standing, 2015, p. 2). Embora isso possa soar um pouco dramático, a pesquisa mostra que estar na base da pirâmide social desencadeia nossos sistemas de resposta ao estresse e, se isso acontecer por um tempo longo demais, sofremos duras consequências em nossa saúde física e mental (Marmot, 2006). Os níveis mais altos de estresse vêm de situações em que temos o mínimo de controle e autonomia sobre nossa vida: nossos sistemas de estresse são mediados por nossos sistemas sociais.

NÃO NASCEMOS IGUAIS

A destruição provocada pelos comportamentos de dependência, especialmente de drogas e álcool, não se distribui de modo igualitário. Globalmente, as pessoas nas camadas mais baixas do espectro socioeconômico consomem menos álcool que as pessoas em camadas mais elevadas da escala social e, na verdade, têm maior probabilidade de se abster de álcool, mas experimentam piores consequências de saúde, como doenças hepáticas ou morte precoce (WHO, 2014). No Reino Unido, quanto menos dinheiro você tem, maior a probabilidade de morrer de causas relacionadas com álcool, em especial os homens, e particularmente na Escócia (Scottish Government, 2008). O uso de drogas em geral é mais provável se você morar em uma área carente, mas o uso de drogas de classe A (drogas consideradas como mais perigosas sob a política de drogas do Reino Unido, entre elas heroína, metadona, cocaína, ecstasy, LSD e cogumelos mágicos) é relativamente bem distribuído entre os grupos socioeconômicos (Home Office, 2015). As consequências é que são mais problemáticas. Se você for de uma região carente e usar drogas, terá maior probabilidade de usar de modo problemático, assumir mais riscos (como injetar drogas), começar a usar em uma idade mais jovem, ter mais envolvimento criminal (mas lembre que você terá maior probabilidade de ter acusações ligadas a drogas se for pobre ou não for branco, mesmo quando existem níveis similares de uso de drogas), e acabar com mais complicações de saúde e sociais em resultado de seu uso de drogas (Galea & Vlakov, 2002). Em algumas comunidades, o uso problemático de drogas pode parecer inescapável e arraigado. Crescer em um ambiente carente pode também afetar o desenvolvimento cerebral, porque as crianças podem ter menos exposição a linguagem complexa e atividades enriquecidas. A exposição à pobreza no início da vida tem sido descrita como um fator significativo de risco para resultados deficitários de desenvolvimento, embora, como acontece com muitos dos fatores de risco mencionados neste capítulo, esse risco seja mitigado por cuidado carinhoso e responsivo (Luby et al., 2013).

Por que poderia haver mais uso problemático de drogas em uma comunidade carente? Junto com a privação, existem ameaças potenciais de desemprego ou emprego precário, moradia insegura, saúde familiar ruim, escolha entre alimentação e aquecimento. O conhecimento de que, por causa do seu nível de estresse, você não é capaz de dar o cuidado amoroso e responsivo que gostaria de dar a seus filhos. Existe a pressão adicional do estigma que atinge aqueles forçados para a pobreza, como exemplificado pelas campanhas midiáticas politicamente direcionadas que atacam as pessoas que recebem auxílio governamental via políticas de bem-estar social, que reviveram as definições vitorianas de pobres "merecedores" e "não merecedores". Sempre que as pressões começam a aumentar, nossos sistemas de ameaça fecham nossos sistemas reflexivos e começam a reagir mais depressa, a tomar mais decisões sob pressão e a adotar uma abordagem de "simplesmente vamos andar com isso"; a estratégia de superação de muitos que têm poucas opções. Você não pensa, não consegue planejar, e é mais difícil pensar criativamente quando se está vivendo para chegar até o dia seguinte. Quando isso acontece com comunidades inteiras, elas sofrem como um todo. Bruce Perry e Maia Szalavitz indicam que as sociedades que passam por grandes traumas, como guerra ou opressão, não podem florescer porque "da mesma forma que as crianças crescem como um reflexo do ambiente de desenvolvimento fornecido pelos pais e pela família imediata, a inventividade, a criatividade e a produtividade de uma pessoa refletem o ambiente de desenvolvimento de sua sociedade" (Szalavitz & Perry, 2010, p. 117). No Reino Unido, as políticas de desindustrialização da década de 1980 deixaram comunidades inteiras enfrentando o desemprego, em um momento em que a disponibilidade das drogas também estava aumentando dramaticamente. Isso criou a tempestade perfeita da qual muitas comunidades ainda estão se recuperando (Foster, 2000).

Trinta anos depois do experimento conhecido como "Parque dos Ratos", Bruce Alexander publicou um relato de como adicção se espalha em resposta ao deslocamento e ao individualismo promovidos pela economia do livre mercado e pelo capitalismo. Esses sistemas priorizam lucros e crescimento sobre o capital social, ou sobre o valor da confiança e de redes conectadas de relações sociais. Ele traz um argumento convincente de que o rompimento das conexões culturais e sociais prejudicou nossa "integração psicossocial", deixando-nos impotentes e desconectados. Essa falta de conexão deixa um vazio de necessidades não satisfeitas que as empresas de publicidade e as empresas varejistas enchem de imagens, produtos e marcas sem cessar. O consumismo adora a adicção. Precisamos de mais, temos de ter mais e nunca podemos estar satisfeitos com o que temos. Embora você possa argumentar que a própria adicção leva à fragmentação das comunidades, prejudicando famílias e perpetuando problemas, os relatos históricos da disseminação da adicção em sociedades oferecem um contra-argumento de que a adicção vem como uma consequência do enfraquecimento e do deslocamento sociais, em vez de ser uma causa (Alexander, 2008; Hart, 2013b).

CONSTRUINDO PONTES

Então, como construímos comunidades que promovam coesão social e recuperação? A pesquisa de muitas disciplinas convergiu para o entendimento de que quanto mais fortes as redes de relacionamentos dentro de uma sociedade, mais resiliente ela será. Os países que têm uma distância menor entre os mais pobres e os mais ricos (os mais igualitários economicamente) são mais coesos.[1] Isso tem implicações de longo alcance, e não apenas quando se consideram os comportamentos de dependência. A sociedade cria o contexto em que a recuperação pode ocorrer. Se a sociedade marginaliza as pessoas com vícios, vendo-as como "separadas" e "outras", isso só pode exacerbar e enraizar o problema, reduzindo as escolhas disponíveis para quem é definido sob esse rótulo. Redução e prevenção de vícios no nível populacional precisam de uma mudança em todo o espectro social. Parte disso vem do reconhecimento de que, em sociedades mais igualitárias, todos estamos melhor. Sociedades menos igualitárias são menos estáveis porque as pessoas nas extremidades opostas do espectro social acham cada vez mais difícil encontrar um terreno comum e se identificar umas com as outras, reduzindo a empatia e o senso de que "estamos todos juntos nisso". Conforme a confiança é erodida, nos tornamos mais desconectados e fragmentados. Os mais abastados veem os mais pobres como "parasitas preguiçosos", e os mais pobres veem os mais ricos como "elites desconectadas que manipularam o sistema". E se o sistema foi manipulado, por que votar? Por que obedecer a regras sociais? Isso é demonstrado pela pesquisa de Richard Wilkinson e Kate Pickett, que mostrou que países ricos, mas desiguais, são piores que países mais pobres, porém com mais igualdade, em muitas medidas. Crime, corrupção e tribalismo aumentam com a maior desigualdade de renda. E a saúde física, a saúde mental e a satisfação com a vida diminuem. Isso não tem a ver apenas com as pessoas nos níveis mais baixos da pirâmide social; tem a ver com o tipo de sociedade em que todos nós queremos viver. E isso não tem a ver apenas com drogas e álcool; os vícios nos escalões mais altos do espectro socioeconômico – em dinheiro, poder e crescimento econômico infinito – estão ampliando exponencialmente o abismo entre ricos e pobres, e agravando as dificuldades descritas aqui.

---

1 Para mais informações sobre o relacionamento entre a desigualdade de renda e uma ampla gama de consequências de saúde, sociais e econômicas, veja o trabalho do Equality Trust em: www.equalitytrust.org.uk/.

Não podemos mudar a sociedade da noite para o dia, mas como podemos começar a construir as conexões entre cada um de nós e nossas comunidades? As respostas estão onde começamos no início deste capítulo: na esperança e na determinação que emergem das comunidades de pessoas que se reúnem para construir uma narrativa compartilhada, como as irmandades de 12 passos, os grupos de apoio entre pares ou outras comunidades de recuperação ao redor do mundo. O grupo fornece uma estrutura para que os indivíduos dentro dele desenvolvam uma identidade compartilhada e um senso de pertencimento, aliviando a ameaça de desconexão por meio da conexão social e possibilitando o crescimento e o desenvolvimento. São as comunidades fortes que nutrem os fantasmas famintos.

Comunidades mais fortes podem ser apoiadas por serviços de tratamento psicológico, social e médico, mas de muitas formas esses serviços existem para ajudar as pessoas a desenvolver seus próprios relacionamentos úteis e saudáveis. São esses relacionamentos que oferecem nosso sistema mais importante de alívio do estresse. Os serviços permanecem muito concentrados no indivíduo, embora o movimento de recuperação tenha se inserido em muitos sistemas de tratamento, exigindo que eles se abram e construam pontes com comunidades de pessoas capacitadas e inspiradoras em recuperação. Como eles dizem, a recuperação é contagiante. Existe uma necessidade de equilíbrio entre comunidades de recuperação e serviços de tratamento a fim de assegurar que a riqueza da experiência vivida e do que "funcionou para mim" possa ser integrada (e não confundinda) com as evidências e as pesquisas dos sistemas de tratamento e com o que "funciona para muitos". No caso de vício em drogas e álcool, isso só pode ser feito considerando-se intervenções em diferentes estágios do desenvolvimento individual, e em múltiplos níveis da sociedade, desde a responsabilidade individual até as políticas públicas.

6

FAÇA AMOR, NÃO FAÇA GUERRA: SE A POLÍTICA DE DROGAS ENTENDESSE A CIÊNCIA DA COMPAIXÃO

No início deste livro, aprendemos que a adicção pode ser definida como qualquer comportamento de dependência realizado apesar das consequências negativas. Nós também aprendemos que as políticas de drogas baseadas em proibição cresceram a partir do racismo e da marginalização históricos, perseguindo ativamente e punindo desproporcionalmente as pessoas das minorias étnicas e de *status* socioeconômico mais baixo. Se a punição não funciona, o que fazer? Como impomos algum controle sem ficar no caminho das liberdades individuais?

Quando falamos de política de drogas, nós inevitavelmente confrontamos as questões da descriminalização e da legalização. Existe um espectro de abordagens possíveis aqui, desde a proibição completa até a legalização total, com muitas opções na área cinzenta intermediária. Essa discussão é emocional e fica rapidamente polarizada. Pessoas demais perderam entes queridos para o vício, e tememos expor nossos filhos a drogas da maneira como eles são atualmente expostos ao álcool na maioria dos países ocidentais. O uso do álcool muitas vezes é destacado como um exemplo do que pode dar errado quando uma substância potencialmente viciante está disponível legal e amplamente, e por bons motivos. A Organização Mundial de Saúde cita o álcool como pelo menos parcialmente responsável por mais de 5% do fardo global de doença e ferimentos em todo o mundo (WHO, 2014). Na verdade, quando o professor David Nutt e membros do Independent Scientific Committee on Drugs (ISCD, um comitê consultivo sobre drogas baseado no Reino Unido) realizaram uma avaliação dos danos relativos das substâncias usadas de modo recreacional no Reino Unido, eles descobriram que o álcool era a droga mais prejudicial de todas, quando se consideram os danos aos usuários, a outras pessoas e à sociedade (Nutt et al., 2010). É interessante que o professor Nutt foi convidado a presidir esse grupo depois de ser demitido de sua função como presidente do Advisory Council on the Misuse of Drugs, ligado ao governo do Reino Unido, em 2009, pelo então Secretário do Interior Alan Johnson, por afirmar que a maconha, o ecstasy e o LSD eram menos prejudiciais que o tabaco e o álcool. Embora o conselho científico independente ainda seja alvo de controvérsia, sua evidência é essencial para seguirmos em direção ao desenvolvimento de uma estratégia crível para drogas e álcool.

A PROIBIÇÃO DE SUBSTÂNCIAS É EFETIVA?

Se o álcool é a substância mais prejudicial disponível e é completamente legal, como podemos considerar a legalização de outras drogas? Como mencionado no Capítulo 1, temos um modelo da proibição de álcool dos EUA entre 1919 e 1933 para nos mostrar o que aconteceu. Houve alguns sucessos. Com acesso e disponibilidade reduzidos em alguns pontos da sociedade, o uso de álcool diminuiu, e o mesmo aconteceu com doenças hepáticas e mortes atribuíveis ao álcool. Porém, esses ganhos modestos foram superados pelos custos incríveis. Muitas pessoas não queriam parar de beber álcool (registros arqueológicos sugerem que os seres humanos fermentam bebidas desde a Idade da Pedra, cerca de 12.000 anos atrás), e essa demanda deixou um vácuo preenchido rapidamente por gangues criminosas organizadas. A taxa de assassinatos nos Estados Unidos dobrou durante o período da proibição de álcool, e caiu vertiginosamente depois que a proibição acabou (Miron, 1999). As taxas de crime e encarceramento aumentaram. Proibir o álcool também garantiu que aquilo que chegava ao mercado fosse mais forte, porque, para uma gangue criminosa, é mais efetivo em termos de custo transportar o máximo de álcool no mínimo de espaço. Isso lhe dá mais retorno sobre seu investimento. Isso também tornou muito mais perigoso beber álcool, porque você nem sempre podia saber o que estava bebendo, e o envenenamento por álcool durante a época da proibição era comum.

Muitos desses custos da proibição ainda são vistos na "guerra às drogas", descritos pelo jornalista e autor Johann Hari em seu livro *Chasing the Scream* (2015). A produção e a distribuição de drogas não mostram sinais de redução, sem impacto discernível no consumo de drogas, se você examinar diferentes tipos de drogas e grupos etários na Europa. O uso de maconha e cocaína está flutuando, o uso de MDMA está aumentando, o uso de anfetaminas está bem estável, e embora o uso de novas substâncias psicoativas ainda seja baixo, ele está causando cada vez mais problemas, em especial em populações marginalizadas (EMCDDA, 2017a). Então, se o objetivo da proibição é reduzir o consumo e limitar a disponibilidade das drogas, isso não está funcionando. Como aconteceu com o álcool, a proibição de drogas levou a mais perigos para aqueles que usam, porque a menos que você tenha acesso a instalações de teste de drogas, é impossível ter certeza do que as drogas de rua contêm, e frequentemente elas são adulteradas a fim de aumentar as margens de lucro e gerenciar cadeias de suprimento instáveis. Também é impossível para a maioria dos usuários testar a potência das drogas de rua, e essa variabilidade pode ser letal. Aqueles que habitualmente usam uma droga específica tenderão a estabelecer uma dose segundo seus hábitos anteriores e, assim, se uma droga aumenta repentinamente de força, eles correm o risco de uma overdose não intencional. As internações hospitalares devidas ao uso de drogas e as mortes relacionadas a drogas na Europa continuaram a aumentar (EMCDDA, 2017a). Isso se refere ao uso de drogas, não necessariamente ao vício, e a maioria dessas overdoses é acidental, segundo os números.

Existe tanta dor nessas estatísticas. Cada morte é um membro de uma família, e o pesar e a confusão provocados por uma morte relacionada a drogas são às vezes difíceis de ser reconhecidos pelas pessoas que ficaram, em parte por causa do estigma contínuo em relação ao uso de drogas. Se o objetivo da proibição é reduzir os danos relacionados a drogas, ela não está funcionando.

Além da proibição e da guerra às drogas, há leis que condenam duramente os crimes relacionados a drogas. Isso faz sentido se nos concentrarmos na produção e na distribuição em grande escala pelo crime organizado, mas é menos racional quando examinamos a posse e o uso em escala menor. O economista Jeffrey Miron indicou o óbvio: que gangues criminosas não podem resolver disputas apelando aos tribunais e, assim, elas recorrem à violência (Miron, 1999). Se qualquer tipo de comércio é proibido enquanto existe uma demanda contínua, isso será regulado por meios violentos, com consequências que atingem a sociedade, um alvo óbvio para policiamento. Mas o que podemos dizer sobre as penas para posse de drogas para uso individual? Globalmente, a posse de drogas representa 83% de todos os delitos relacionados com drogas (UNODC, 2015). As penas para esses delitos reduzem os danos ou o uso prejudicial de drogas? Na verdade, acontece o oposto. Na melhor das hipóteses, não existem diferenças nas taxas de reincidência entre aqueles que são presos e aqueles que recebem opções de trabalho comunitário e, no pior dos casos, pode haver um aumento na atividade criminosa depois de uma pena de prisão (Villettaz et al., 2014). Esse é o caso de jovens infratores, em especial aqueles colocados em instalações prisionais para adultos. Isso não deveria ser uma surpresa, considerando o que sabemos sobre o modo como os jovens usam os grupos que os rodeiam para consolidar sua identidade (Lambie & Randell, 2013). Não existe relação entre a severidade das leis punitivas contra drogas e as taxas de uso de drogas (Home Office, 2014). A prisão não pode aumentar o capital de recuperação. Ela faz o oposto, cortando muitas das conexões com relacionamentos sociais positivos, educação, emprego e moradia segura que o indivíduo poderia ter. Isso também aumenta o isolamento e a marginalização. Além disso, as semanas após a soltura da prisão estão entre os períodos mais arriscados para a ocorrência de overdose, pois as pessoas repentinamente estão rodeadas por pistas do antigo comportamento de dependência, com uma tolerância marcadamente mais baixa para o uso. Se a proibição de drogas e as duras leis punitivas resultantes estão tentando reduzir o uso de drogas, elas não estão funcionando.

SE A PROIBIÇÃO NÃO FUNCIONA, O QUE FUNCIONA?

Quando estamos considerando a descriminalização e a legalização de substâncias, é difícil usar o álcool como um exemplo por causa dos danos óbvios que causa. Mas, na verdade, o álcool não é um bom exemplo de como as substâncias poderiam ser legalizadas com responsabilidade, pois as tentativas de regulamentar a indústria do álcool têm sido enfrentadas com ações de *lobbying* significativas para evitar isso. Por exemplo, as tentativas da Escócia de impor um preço mínimo por unidade do álcool (reconhecida como uma medida baseada em evidências para reduzir o acesso ao álcool quando usada como uma entre um pacote de medidas) foram aprovadas pelo governo em 2012, mas foram implementadas apenas em 2018 em virtude de processos legais liderados pela Scottish Whisky Association, que diz que elas não funcionariam e prejudicariam o setor. Então, se a proibição completa e a legalização minimamente regulamentada não são ideais, onde fica o terreno intermediário? Um exemplo vem de outra droga legal e muito viciante cuja regulamentação aumentou marcantemente nas décadas recentes, com algumas consequências interessantes.

Se você foi criado nos anos 1970 ou 1980, deve se lembrar de vagões para fumantes em trens, de uma área de fumantes nos aviões, da publicidade de cigarros por toda parte e do fumo ser retratado como um hábito muito glamoroso nos programas de TV e nos filmes. Avancemos para uma cena do presente, quando a publicidade de cigarros foi proibida, cigarros pagam muitos impostos, as embalagens de cigarros têm alertas e imagens assustadores sobre os impactos negativos sobre a saúde, não se pode fumar em espaços públicos e as companhias de cigarros precisaram pagar indenizações para pessoas que tiveram câncer de pulmão e cobrir os custos de tratamento de doenças relacionadas ao fumo, depois de serem divulgados relatórios internos mostrando que (é claro) eles sabiam muito bem das consequências prejudiciais do fumo, mas esconderam isso por décadas (ASH, 2017). Embora a "guerra contra o cigarro" ainda esteja sendo travada, já houve muitas vitórias. O tabagismo no Reino Unido caiu pela metade desde os anos 1970 e, atualmente, cerca de 16% da população fuma (ONS, 2016). O consumo de cigarros em todo o mundo tem declinado continuamente. E o maior apoio (e financiamento) a campanhas e clínicas antitabagismo tem se mostrado razoavelmente efetivo (Bauld et al., 2009). Será que essas abordagens funcionam com drogas ilícitas?

Ao reconhecer os fracassos e os enormes custos pessoais e sociais da guerra às drogas, os países de todo o mundo começaram a experimentar com a descriminalização, junto da promoção do tratamento e da reabilitação em vez do encarceramento. O primeiro país a dar esse passo foi Portugal, que descriminalizou todas as drogas em 2001, removendo todas as penalidades para posse em nível pessoal (definida como posse para até 10 dias de uso pessoal), embora a produção e a distribuição continuem a ser consideradas crimes. Os fundos foram canalizados em uma expansão das respostas sociais e de saúde ao uso problemático de drogas e à adicção. De maneira significativa, o governo português também concordou em subsidiar os salários de ex-usuários de drogas que seguissem o tratamento pelo período de um ano para ajudá-los a retornar ao mercado de trabalho e a se reintegrar à vida comum. Então, o que aconteceu dezesseis anos depois? Será que houve uma explosão no uso de drogas? Na verdade, o uso de drogas não mudou muito entre 2001 e 2007, e declinou no grupo etário de maior risco, o de 15 a 24 anos. O uso de drogas injetáveis caiu pela metade, e o número de overdoses reduziu significativamente, e acredita-se que isso se deva em parte à redução do estigma social diante do uso de drogas e ao acesso mais fácil ao tratamento de drogas e aos serviços de redução de danos.

Embora tenha havido relatos conflitantes quanto à reforma, a análise cuidadosa dos números revelou que "as conclusões fundamentadas nas evidências forneceram ampla indicação de uma reforma bem-sucedida" (Stevens & Hughes, 2012, p. 12). Isso não teve a ver só com a descriminalização; os relatos da reforma enfatizaram a importância das mudanças na política social e de bem-estar que a acompanharam, e sabemos que as penalidades impostas tendem a ter pouca relação com o uso de drogas, sejam punitivas ou lenientes. O presidente do Instituto Português da Droga e da Toxicodependência (IPDT), João Goulão, disse: "o maior efeito foi permitir que o estigma da adicção de drogas diminuísse, deixando as pessoas falarem claramente e buscarem ajuda profissional sem medo" (Hawkes, 2011). Eles conseguiram mudar a opinião pública de que os usuários de drogas eram "ruins" para que fossem vistos como pessoas que precisavam de suporte (e o mereciam). Cerca de vinte países em todo o mundo estão agora passando a usar abordagens mais liberais na política de drogas, com muitos deles descriminalizando o uso da maconha. O acesso crescente a tratamento e oportunidades de trabalho e a redução do estigma aumentam o capital de recuperação necessário para fazer e sustentar as mudanças. E conforme esses indicadores crescem e sustentam a vida de uma pessoa, existe menor necessidade da substância. Todas essas mudanças na direção de políticas de drogas mais compassivas e focalizadas na saúde, e a evidência crescente em favor delas, levaram a Organização Mundial de Saúde e as Nações Unidas a emitir uma declaração conjunta em junho de 2017, colocando as políticas de drogas punitivas firmemente no domínio da discriminação. Eles pediram que os Estados reduzissem a discriminação, em parte "revendo e repelindo leis punitivas que comprovadamente têm resultados negativos de saúde e que vão contra as evidências de saúde pública estabelecidas. Estas incluem as leis que criminalizam ou de alguma forma proíbem . . . o uso de drogas ou a posse de drogas para uso pessoal" (WHO/UN, 2017).

Alguns países foram ainda mais longe que a descriminalização. A legalização da maconha foi concretizada em diversos lugares, entre eles o Uruguai e trinta estados estadunidenses, e a maioria permite o consumo para propósitos medicinais. Não houve uma grande epidemia de uso de maconha e as estimativas sugerem que o uso tem permanecido consistente. As prisões e os casos nos tribunais foram reduzidos, e a receita vinda de vendas e impostos soma milhões de dólares (UNODC, 2016). Esses são movimentos controversos, e ainda há resistência diante da legalização de outras substâncias. A história dominante das drogas continua a ser a de substâncias monstruosas e assustadoras, o que torna difícil ver além de nossos medos e chegar a uma abordagem racional. Isso é compreensível. Vemos as piores consequências do uso de drogas e da adicção porque, na maior parte do tempo, a lente da mídia sobre o uso de drogas está focalizada nos 10% de uso problemático e suas consequências. Então, quando tentamos olhar a legalização de todas as substâncias de uma perspectiva imparcial e racional, nossos medos surgem aos poucos, incitados pelos relatos da epidemia de opiáceos prescritos nos EUA, ou da epidemia de "gelo" (metanfetamina cristalina, uma versão purificada de metanfetamina) na Austrália, e tememos uma catástrofe.

A LEGALIZAÇÃO DE DROGAS REALMENTE É UMA BOA IDEIA?

A fundação Transform Drug Policy, um *think tank* internacional que busca a regulamentação estrita do comércio de drogas, vê a legalização como uma maneira de estabelecer sistemas efetivos para regulamentar todas as drogas, usando a base de evidências ao redor da redução de danos relacionados a drogas (TDPF, 2009). Isso é mesmo possível? Isso não estaria apenas enviando uma mensagem de que "tudo bem usar", colocando mais pessoas em risco? As décadas de evidência mostram que corremos mais risco com a proibição que com a legalização, desde que as regulamentações apropriadas sejam impostas sobre como e onde as substâncias específicas podem ser usadas. Nós nos preocupamos que legalizar as drogas leve mais pessoas a usar, mas sabemos que esse é um indicador enganoso de progresso. Do mesmo modo que a proibição do álcool levou ao maior acesso a bebidas alcoólicas mais fortes, a proibição de drogas levou ao aumento da disponibilidade de substâncias mais potentes, e se espera que as pessoas passem para substâncias menos prejudiciais se forem continuar a usar, como passar do álcool para a maconha. As primeiras pesquisas a respeito disso têm resultados mistos, com evidências da maconha sendo usada como substituto preferido ao álcool depois da legalização, evidências de que as políticas liberais levam ao aumento do uso de álcool e também de maconha, e outras pesquisas não encontrando efeitos significativos (Guttmannova et al., 2016). É plausível que o uso problemático de drogas e a adicção também diminuiriam, pois quando o uso de substâncias não é criminalizado, fica mais claro para a sociedade que o apoio ao uso problemático é a melhor resposta. Isso torna mais fácil que as pessoas procurem ajuda precocemente se estiverem preocupadas com seu uso, já que há menos estigmas e acesso mais fácil à ajuda imparcial.

O falecido autor e analista da guerra às drogas Charles Bowden (2011) indicou que existe uma guerra *contra* as drogas, que é travada contra as substâncias e aqueles que as usam, e uma guerra *pelas* drogas, que é o violento conflito entre as gangues criminosas para controlar o tráfico. A legalização tira o tráfico de drogas das mãos dos cartéis, e isso significa que os acordos de comércio serão feitos por negociação, e não por violência. Em uma entrevista realizada em 1991, o economista Milton Friedman estimou que a proibição de drogas provocava 10 mil homicídios por ano (Treback et al., 1992). A opinião dele era que seria preferível regulamentar drogas da mesma maneira que o álcool e o fumo eram regulamentados, mas, 26 anos depois da entrevista, a fundação Transform Drug Policy indicou que o comércio livre sem controle seria igualmente prejudicial, como demonstram as consequências do álcool minimamente regulamentado. Suas recomendações são baseadas em avaliações dos danos relativos das substâncias, com uma expansão dos mercados legalmente regulamentados para incluir drogas menos prejudiciais e uma expansão da regulamentação para substâncias mais potentes com potencial para uso médico. Eles ilustraram isso claramente no gráfico a seguir, apresentado com permissão deles (Figura 6.1).[1]

Figura 6.1 Espectro de opções de políticas disponíveis e seus efeitos prováveis.

1 Recuperado de Transform Drug Policy Foundation em: www.tdpf.org.uk/resources/legal-regulation, em 13 de agosto de 2017.

A regulamentação estrita nos dá controle. Atualmente, é mais fácil para os jovens comprar drogas em algumas áreas que comprar álcool, porque os traficantes não pedem a identidade. Na verdade, alguns jovens podem ser levados a traficar para os amigos como um modo fácil de ganhar dinheiro, especialmente se não tiverem acesso a outras oportunidades. Mais controle garante a regulamentação do "*set* e *setting*", com alguns regulamentos propostos restringindo a promoção e a disponibilidade e impondo limites de idade. Mais controle significa menos overdoses, pois as pessoas sabem o que estão tomando e que isso será consistente. Isso também abre o leque do uso de drogas para propósitos medicinais, o que é mais difícil sob a proibição estrita. Muitas drogas que são ilegais para uso recreacional têm qualidades medicinais valiosas, como os usos atuais da heroína médica, ou diamorfina, que é usada para alívio de dor intensa em hospitais. Existem estudos interessantes sendo realizados atualmente que investigam o uso do MDMA, conhecido com ecstasy, em combinação com terapia para tratar o transtorno de estresse pós-traumático e outros problemas mentais, por sua capacidade de aumentar sentimentos de confiança e de compaixão (Sessa & Nutt, 2015).

Terminar a guerra às drogas oferece uma chance de "testemunhar" os traumas que ela causou, o primeiro passo para iniciar as reparações e a cura. Isso reduz a demonização das drogas e as coloca novamente na categoria de qualquer comportamento com danos ou riscos em potencial associados a ele. A criminalização do uso de drogas colocou os usuários de drogas em uma categoria "antissocial", aumentando a "alteridade" das pessoas que escolhem usar e que, algumas vezes, ficam presas na armadilha. Pelo que sabemos sobre drogas e uso de drogas, se alguém usa de um modo autodestrutivo, essas tendências não são um aspecto essencial da droga, mas uma combinação da droga, do ambiente e da suscetibilidade individual específica. Bruce Alexander (2008) escreveu que "a devoção fanática a ideias socialmente destrutivas pode ser uma tentativa desesperada para se adaptar a um deslocamento severo" (p. 241). Embora isso possa ser verdade para muitas das ideias destrutivas aparentes na sociedade de hoje, isso é especialmente verdadeiro para a guerra às drogas. Parte de sua persistência deveu-se a sua capacidade de evocar nossos medos, mas seu papel como a história dominante está agora chegando ao fim.

ENTÃO, O QUE VEM A SEGUIR?

Uma política de drogas compassiva é uma política baseada em evidências, reconhecendo que a adicção é um sinal de necessidades subjacentes que exigem uma resposta dos grupos sociais e de saúde, e não do sistema penal. A legalização pode ser um requisito para reduzir o estigma ao redor do uso de drogas e da adicção, pois o comportamento criminoso, por sua definição, provoca desaprovação social. De muitas maneiras, reduzir comportamentos de dependência de modo mais geral requer investimento em muitos ambientes de atendimento social e de saúde, quando consideramos o que sabemos sobre o modo como a adicção se desenvolve. Dando um passo para trás e assumindo uma perspectiva mais ampla, existem alguns pontos que ajudariam a evitar o desenvolvimento do vício e a cortar sua disseminação. Esta não é uma lista exaustiva, de modo algum, mas eu a incluí como um modo de continuar a conversa e fornecer algumas fontes a explorar:

1. A prevenção mais precoce do vício tem a ver com dar apoio a bebês e crianças pequenas para que desenvolvam apegos saudáveis, que acontecem no contexto de relacionamentos de cuidado e sintonia com os pais, mais frequentemente com a mãe. Algumas vezes, as famílias precisam de ajuda para fornecer isso, e várias abordagens efetivas foram desenvolvidas buscando apoiar as mães na sintonia com seus bebês, aumentando o apego seguro e o desenvolvimento de resiliência psicológica (por exemplo, Barlow et al., 2008; Olds et al., 1997).
2. A adolescência é um momento particularmente arriscado para aqueles que têm acesso a substâncias, e muitos daqueles que acabam nos serviços de tratamento de drogas e álcool começaram a usar no início da adolescência ou antes. A educação sobre as drogas precisa ser realista e respeitosa, oferecendo informações e promovendo a capacidade de fazer escolhas bem-informadas sobre o uso de drogas. As campanhas da mídia de massa expondo os horrores exagerados do uso de drogas não são efetivas e podem piorar a situação (por exemplo, UKDPC, 2012).

3. Existem intervenções promissoras que podem ser usadas com jovens que tenham traços que os predisponham a comportamentos de dependência. Uma abordagem chamada Preventure identifica esses traços e usa técnicas cognitivo-comportamentais para ajudar os jovens a lidar com seu próprio comportamento. Tem sido demonstrado que ela reduz a tendência a beber excessivamente, bem como depressão, pânico e comportamento impulsivo. Ela tem tido resultados excelentes no Canadá e também no Reino Unido (Conrod et al., 2013).
4. A maioria das pessoas que apresentam comportamentos de dependência nunca precisará de um serviço especializado, a menos que estejam socialmente isoladas ou tenham menos recursos. O primeiro nível de apoio virá da comunidade e, se não houver suporte social na rede imediata de alguém, os grupos de autoajuda e as irmandades de 12 passos podem ser essenciais. Espera-se que as informações neste livro sobre as diversas abordagens de autoajuda e seus prós e contras auxiliem as pessoas a tomar decisões esclarecidas e a encontrar ou construir redes sociais de recuperação.
5. Para aqueles que precisam de ajuda mais especializada, o tratamento mais efetivo será baseado em uma abordagem respeitosa e compassiva, que garanta que a ação e a escolha individuais sejam respeitadas o máximo possível. Os serviços de saúde física, saúde mental e atendimento social, bem como os serviços voluntários que os apoiam, precisam de níveis adequados de financiamento, pessoal treinado e sistema de governança que defendam e apoiem isso. Os que atendem a áreas carentes precisarão de mais recursos, refletindo as maiores necessidades dessas populações.
6. Para cada um de nós, compreender que nosso cérebro pode ser "complicado", que algumas vezes partes diferentes de nós entram em conflito umas com as outras, e reconhecer as maneiras como os comportamentos de dependência podem se desenvolver, tudo isso pode nos ajudar a fazer escolhas mais esclarecidas sobre aquilo de que realmente precisamos a cada momento. Mais informações sobre algumas das abordagens descritas nos Capítulos 4 e 5 estão incluídas na lista de leituras no final deste livro.

7. Sabemos que a desigualdade econômica contribui para o aumento da adicção e para uma saúde mental fraca, assim, políticas que promovessem a igualdade provavelmente reduziriam uma gama de dificuldades (para exemplos, veja o trabalho do Equality Trust).[2] Nós não nascemos iguais, e abordar algumas das desigualdades sociais e de saúde que nos rodeiam beneficia não só aqueles com necessidades mais aparentes, mas todos nós.

Todos contamos a nós mesmos histórias que definem quem somos e de onde viemos. A adicção não é uma fraqueza nem um distúrbio moral, mas uma adaptação aprendida ao sofrimento, ao isolamento ou à ruptura, e que cada um de nós poderia ter enfrentado se nossas próprias circunstâncias tivessem se alinhado de um modo específico. Aqueles que enfrentam comportamentos de dependência precisam saber que isso não é sua culpa, mas é sua responsabilidade. Você não precisa trabalhar para mudar sozinho, a menos que isso funcione com você, mas a mudança é possível, e lembre-se de que a recuperação ou o crescimento contínuo são mais comuns do que você imagina. E isso pode levar você a se superar. Há pesquisas que mostram que algumas pessoas que aprenderam a controlar suas tendências à adicção têm crescimento cerebral maior que a média em áreas envolvidas com o controle e a regulação do comportamento, e também pontuação mais alta que o público geral em medidas de qualidade de vida e autoestima (Connolly et al., 2013; Hibbert & Best, 2011). A recuperação da adicção não só deixa você bem, mas "melhor que bem" (Best & Lubman, 2012). Nós não podemos controlar a vida em que nascemos, mas podemos aprender a controlar nosso "cérebro complicado" e as tendências algumas vezes destrutivas, com compaixão para conosco e nossas falhas, conexão com outros, e o compromisso de trabalhar para uma sociedade que capacite todos nós a atingirmos nosso pleno potencial.

2 Disponível em www.equalitytrust.org.uk/.

LEITURAS RECOMENDADAS

ESSES AUTORES COMBINARAM A EXPERIÊNCIA PESSOAL DE COMPORTAMENTOS DE DEPENDÊNCIA COM SEU CONSIDERÁVEL CONHECIMENTO PROFISSIONAL:

- Para uma perspectiva cheia de *insights* da "adicção como um aprendizado desordenado" usando a história de desenvolvimento do autor, leia *Unbroken Brain: A Revolutionary New Way of Understanding Addiction*, de Maia Szalavitz (2016; New York: St Martin's Press).
- Para um relato pessoal de adicção a partir de uma perspectiva neurocientífica, leia *Memoirs of an Addicted Brain: A Neuroscientist Examines His Former Life on Drugs*, de Marc Lewis (2011; New York: PublicAffairs).
- Para uma visão vívida e compassiva de um médico sobre os comportamentos de dependência, com particular ênfase na influência dos traumas do início da vida, leia *In the Realm of the Hungry Ghosts: Close Encounters With Addiction*, de Gabor Maté (2010; Berkeley: North Atlantic Books).

LIVROS SOBRE INFLUÊNCIAS (E SOLUÇÕES) SOCIAIS PARA A ADICÇÃO:

- Para uma visão ampla e fácil de ler, veja *The Globalization of Addiction: A Study in Poverty of the Spirit*, de Bruce Alexander (2008; Oxford: Oxford University Press).
- A história de Bruce Alexander e do trabalho de sua equipe no "Parque dos Ratos" foi recontada muitas vezes. Um exemplo visual maravilhoso

vem do artista de história em quadrinhos australiano Stuart McMillen, e está disponível aqui: www.stuartmcmillen.com/comic/rat-park/.

- Para um relato de longo alcance sobre comportamentos de dependência e enfraquecimento, leia *Power, Powerlessness and Addiction*, de Jim Orford (2013; Cambridge: Cambridge University Press).

LIVROS SOBRE ADICÇÃO COMO ESCOLHA OU APRENDIZADO:

- Para um relato reflexivo da neurociência por trás da adicção e de como isso apoia uma visão da adicção como "aprendizado profundo", leia *The Biology of Desire: Why Addiction Is Not a Disease*, de Marc Lewis (2015; London: PublicAffairs). O blog e as páginas de discussão dele também oferecem um debate esclarecedor e valem a pena serem lidos: www.memoirsofanaddictedbrain.com/blog/.
- Para um relato pessoal desse relacionamento de uma perspectiva neurocientífica, leia *High Price: A Neuroscientist's Journey of Self-Discovery That Challenges Everything You Know About Drugs and Society*, de Carl Hart (2013; London: Penguin Books).

LIVROS SOBRE COMPORTAMENTOS DE DEPENDÊNCIA E INTERVENÇÕES PSICOLÓGICAS (VER TAMBÉM REFERÊNCIAS):

- Para um guia passo a passo sobre o uso da meditação *mindfulness* (atenção plena) para superar comportamentos de dependência, leia *Eight Step Recovery: Using the Buddha's Teachings to Overcome Addiction*, de Valerie Mason-John e Paramabandhu Groves (2013; Cambridge: Windhorse).
- Veja também *Mindfulness-Based Relapse Prevention for Addictive Behaviours*, de Sarah Bowen, Neha Chawla e G. Alan Marlatt (2011; New York: Guilford Press), e o site associado, que inclui exercícios de áudio, disponível aqui: www.mindfulrp.com/default.html.

- Para um manual de autoajuda que abrange algumas das técnicas esboçadas neste livro, veja *The Addiction Recovery Skills Workbook*, de Suzette Glasner-Edwards (2015; Oakland, CA: New Harbinger Publications).
- A ideia de nossos "cérebros complicados" vem do trabalho do professor Paul Gilbert e de sua equipe de pesquisa. Veja, por exemplo, o livro dele *The Compassionate Mind* (2009; London: Constable & Robinson), e o trabalho da Compassionate Mind Foundation, disponível aqui: https://compassionatemind.co.uk/.

LEITURAS SOBRE A POLÍTICA DE DROGAS E SUAS CONSEQUÊNCIAS:

- Para um apelo urgente e apaixonado pelo fim da guerra às drogas, leia *Chasing the Scream: The First and Last Days of the War on Drugs*, de Johann Hari (2015; London: Bloomsbury).
- Para um olhar científico e sensível sobre as drogas e suas consequências, leia *Drugs Without the Hot Air: Minimising the Harms of Legal and Illegal Drugs*, de David Nutt (2012; Cambridge: UIT Cambridge).

PARA UMA ESCOLHA ALEATÓRIA DE ROMANCES CLÁSSICOS SOBRE A ADICÇÃO, VEJA:

- *Infinite Jest*, de David Foster Wallace (1996; New York: Little, Brown).
- *Choke*, de Chuck Palahniuk (2001; New York: Anchor Books).
- *Wasted: Coming Back From an Addiction to Starvation*, de Marya Hornbacher (1998; London: Flamingo).

REFERÊNCIAS

ACMD (2011). *Hidden Harm*. London: Advisory Council on the Misuse of Drugs Alcoholics.

Alcoholics Anonymous UK (2017). *About Alcoholism* [Online]. Acesso em 11 de agosto de 2017. Disponível em: www.alcoholics-anonymous.org.uk/About-AA/Newcomers/About-Alcoholism.

Alexander, B. K. (2008). *The Globalization of Addiction: A Study in Poverty of the Spirit*. Oxford: Oxford University Press.

Alexander, B. K., Coambs, R. B., & Hadaway, P. F. (1978). The effect of housing and gender on morphine self-administration in rats, *Psychopharmacology*, *58*(2), 175-179.

AMRC (2013). *Measuring Up: The Medical Profession's Prescription for the Nation's Obesity Crisis*. London: Academy of Medical Royal Colleges.

Anda, R. F., Felitti, V. J., Walker, J., Whitfield, C. L., Bremner, J. D., Perry, B. D., Dube, S. R., & Giles, W. H. (2006). The enduring effects of abuse and related adverse experiences in childhood: A convergence of evidence from neurobiology and epidemiology. *European Archives of Psychiatry and Clinical Neuroscience*, *56*(3), 174-186.

Anonymous (2001). *The Big Book*. 4th ed. Alcoholics Anonymous World Services, Inc. Disponível em: www.aa.org/pages/en_US/alcoholics-anonymous.

APA (2013). *Diagnostic and Statistical Manual of Mental Disorders*. 5th ed. Washington, DC: American Psychiatric Association.

ASH (2017). *Key Dates in the History of Anti-Tobacco Campaigning*. London: Action on Smoking and Health.

Baggini, J. (2015, 19 mar.). Do your genes determine your entire life?, *Guardian* [Online]. Acesso em 11 ago. 2017. Disponível em: www.theguardian.com/science/2015/mar/19/do-your-genes-determine-your-entire-life.

Bandele, A. (2016, 15 set.). Jay-Z: The war on drugs is an epic fail. *New York Times* [Online]. Acesso em 10 ago. 2017. Disponível em: www.nytimes.com/2016/09/15/opinion/jay-z-the-war-on-drugs-is-an-epic-fail.html.

Bandura, A. (1977). Self-efficacy: Toward a unifying theory of behavioural change. *Psychological Review*, *84*(2), 191-215.

Barlow, J., McMillan, A. S., Kirkpatrick, S., Ghate, D., Smith, M., & Barnes, J. (2008). *Health-Led Parenting Interventions in Pregnancy and Early Years*. London: Department for Children, Schools and Families.

Bauld, L., Bell, K., McCullough, L., Richardson, L., & Greaves, L. (2009). The effectiveness of NHS smoking cessation services: A systematic review. *Journal of Public Health*, *32*(1), 71-82.

Baumeister, R. F., Bratslavsky, E., Muraven, M., & Tice, D. M. (1998). Ego depletion: Is the active self a limited resource? *Journal of Personality and Social Psychology*, *74*(5), 1252-1265.

BBC Health (2012, 4 dez.). "Binge-drinking gene" discovered, *BBC* [Online]. Acesso em 11 ago. 2017. Disponível em: www.bbc.co.uk/news/health-20583113.

Bellis, M., Lowey, H., Leckenby, N., Hughes, K., & Harrison, D. (2014). Adverse childhood experiences: Retrospective study to determine their impact on adult health behaviours and health outcomes in a UK population. *Journal of Public Health*, *36*(1), 81-91.

Bem, D. J. (1972). Self-perception theory. *Advances in Experimental Social Psychology*, *6*, 1-62.

Berridge, K., & Kringelbach, M. L. (2008). Affective neuroscience of pleasure: Reward in humans and animals. *Psychopharmacology*, *199*, 457-480.

Berridge, K., & Robinson, T. E. (2016). Liking, wanting and the incentive-sensitization theory of addiction. *American Psychologist*, *71*(8), 670-679.

Best, D. W., & Lubman, D. I. (2012). The recovery paradigm: A model of hope and change for alcohol and drug addiction. *Australian Family Physician*, *41*(8), 593-597.

Bowden, C. (2011). *Murder City: Ciudad Juarez and the Global Economy's New Killing Fields*. New York: Nation Books. Citado em Hari, J.

(2015). *Chasing the Scream: The First and Last Days of the War on Drugs*. London: Bloomsbury.

Bowlby, J. (1969). *Attachment. Attachment and Loss* (Vol. 1: Loss). New York: Basic Books.

Breen, R. B., & Zimmerman, M. (2002). Rapid onset of pathological gambling in machine gamblers. *Journal of Gambling Studies*, *18*(1), 31-43.

Brion, M., Pitel, A.-L., Beaunieux, H., & Maurage, P. (2014). Revisiting the continuum hypothesis: Toward in an-depth exploration of executive functions in Korsakoff Syndrome. *Frontiers in Human Neuroscience*, *8*(498), 1-7.

Broks, P. (2003). *Into the Silent Land: Travels in Neuropsychology*. New York: Atlantic Books.

Brooks, P. J., Enoch, M.-A., Goldman, D., Li, T.-K., & Yokoyama, A. (2009). The alcohol flushing response: An unrecognised risk for esophageal cancer from alcohol consumption. *PLOS Medicine*, *6*(3), e1000050.

Buchman, D. Z., & Reiner, P. (2010). Stigma and addiction: Being and becoming. *American Journal of Bioethics*, *9*(9), 18-19.

CASA (2011). *Adolescent Substance Use: America's #1 Public Health Problem* [Online]. New York: National Center on Addiction and Substance Abuse. Acesso em 11 ago. 2017. Disponível em: www.centeronaddiction.org/addiction-research/reports/adolescent-substance-use-america%E2%80%99s-1-public-health-problem.

CDC (2011). *Drug Poisoning Deaths in the United States, 1980–2008: NCHS Data Brief No.81*. Atlanta: Centers for Disease Control and Prevention.

Chandler, M. J., & Lalonde, C. E. (2008). Cultural continuity as a protective factor against suicide in first nations youth. *Horizons: A Special Issue on Aboriginal Youth, Hope or Heartbreak: Aboriginal Youth and Canada's Future*, *10*(1), 68-72.

Clinical Guidelines on Drug Misuse and Dependence Update, Independent Expert Working Group (2017). *Drug Misuse and Dependence: UK Guidelines on Clinical Management*. London: Department of Health.

Connolly, C. G., Bell, R. P., Foxe, J. J., & Garavan, H. (2013). Dissociated grey matter changes with prolonged addiction and extended abstinence in cocaine users. *PLOS ONE*, *8*(3), e59645.

Conrod, P. J., O'Leary-Barrett, M., Newton, N., Topper, L., Castellanos-Ryan, N., Mackie, C., & Girard, A. (2013). Effectiveness of a selective, personality-targeted prevention program for adolescent alcohol use and misuse: A cluster randomized controlled trial. *JAMA Psychiatry*, *70*(3), 334-342.

Copello, A., Orford, J., Hodgson, R., Tober, G., & Barrett, C. on behalf of the UKATT Research Team (2002). Social behaviour and network therapy: Basic principles and early experiences. *Addictive Behaviours*, *27*(3), 345-366.

Copello, A., Templeton, L., Orford, J., & Velleman, R. (2010). The 5-step method: Principles and practice. *Drugs: Education, Prevention and Policy*, *17*, 86-99.

Corrigan, J. D., Rust, E., & Lamb-Hart, G. L. (1995). The nature and extent of substance abuse problems among persons with traumatic brain injuries. *Journal of Head Trauma Rehabilitation*, *10*(3), 29-45.

Crittenden, P. M., & DiLalla, D. L. (1988). Compulsive compliance: The development of an inhibitory coping strategy in infancy. *Journal of Abnormal Child Psychology*, *16*(5), 585-599.

Dawson, D. A., Grant, B. F., Stinson, F. S., Chou, P. S., Huang, B., & Ruan, W. J. (2005). Recovery from DSM-IV alcohol dependence: United States, 2001–2002. *Addiction*, *100*, 281-292.

Dillon, P. (2002). *The Much-Lamented Death of Madam Geneva: The Eighteenth-Century Gin Craze*. London: Review.

Eastwood, N., Shiner, M., & Bear, D. (2013). *The Numbers in Black and White: Ethnic Disparities in the Policing and Prosecution of Drug Offences in England and Wales* [Online]. London: Release Publication. Acesso em 11 ago. 2017. Disponível em: www.release.org.uk/publications/numbers-black-and-white-ethnic-disparities-policing-and-prosecution-drug-offences.

EMCDDA (2017a). *European Drug Report: Trends and Developments*. Luxembourg: European Monitoring Centre for Drugs and Drug Addiction.

EMCDDA (2017b). *UK Country Drug Report*. Luxembourg: European Monitoring Centre for Drugs and Drug Addiction.

Everitt, B. J., & Robbins, T. W. (2013). From the ventral to the dorsal striatum: Devolving views of their role in drug addiction. *Neuroscience and Biobehavioural Reviews*, *37*(9A), 1946-1954.

FADA (2013). *The Impact of Substance Abuse on the Child Welfare System* [Online]. Florida Alcohol and Drug Abuse Association. Acesso em 13 ago. 2017. Disponível em: www.fadaa.org/documents/Legislative%20 Booklets/ChildWelfare.pdf.

Felitti, V. J. (2004). The origins of addiction: Evidence from the Adverse Childhood Experiences Study. *Praxis der Kinderpsychologie und Kinderpsychiatrie*, *52*(8), 547-559.

Fernandez-Serrano, M. J., Perez-Garcia, M., & Verdejo-Garcia, A. (2011). What are the specific vs. generalised effects of drugs of abuse on neuropsychological performance? *Neuroscience and Biobehavioural Reviews*, *35*, 377-406.

Ferri, M., Amato, L., & Davoli, M. (2006). Alcoholics Anonymous and other 12-step programmes for alcohol dependence. *Cochrane Database of Systematic Reviews*, (3).

Foster, J. (2000). Social exclusion, crime and drugs. *Drugs: Education, Prevention and Policy*, 7(4), 317-330.

Galea, S., & Vlakov, D. (2002). Social determinants and the health of drug users: Socioeconomic status, homelessness and incarceration. *Public Health Reports*, *117*(1), S135-S145.

Gander, K. (2014, 14 fev.). Being lazy could be genetic say scientists. *Independent*. Acesso em 11 ago. 2017. Disponível em: www.independent.co.uk/news/science/being-lazy-could-be-genetic-say-scientists-9128595.

Gielen, N., Havermans, R. C., Tekelenburg, M., & Jansen, A. (2012). Prevalence of post-traumatic stress disorder among patients with substance use disorder: It is higher than clinicians think it is. *European Journal of Psychotraumatology*, *3*(17734), 1-9.

Goldstein, R. Z., & Volkow, N. D. (2011). Dysfunction of the prefrontal cortex in addiction: Neuroimaging findings and clinical implications. *Nature Reviews Neuroscience*, *12*, 652-669.

Gutteridge, N. (2015). Unbe-cheese-able! Shock as scientists say cheese is as addictive as CRACK COCAINE. *Express* [Online]. Acesso em 11 ago. 2017. Disponível em: www.express.co.uk/news/science/614192/Scientists-cheese-addictive-crack-cocaine-dairy-study-obesity-crisis.

Guttmannova, K., Lee, C. M., Kilmer, J. R., Fleming, C. B., Rhew, I. C., Kosterman, R., & Larimer, M. E. (2016). Impacts of changing marijuana policies on alcohol use in the United States. *Alcoholism: Clinical and Experimental Research, 40*(1), 33-46.

Hari, J. (2015). *Chasing the Scream: The First and Last Days of the War on Drugs*. London: Bloomsbury.

Hart, C. (2013a). *High Price: A Neuroscientist's Journey of Self-Discovery that Challenges Everything You Know About Drugs and Society*. London: Penguin Books.

Hart, C. (2013b). *High Price: Drugs, Neuroscience and Discovering Myself*. London: Penguin Books.

Hartogsohn, I. (2016). Set and setting, psychedelics and the placebo response: An extra-pharmacological perspective on psychopharmacology. *Journal of Psychopharmacology*, *30*(12), 1259-1267.

Hartogsohn, I. (2017). Constructing drug effects: A history of set and setting. *Drug Science, Policy and Law*, *3*, 1-17.

Hawkes, N. (2011). Highs and lows of drug decriminalisation. *British Medical Journal*, *343*, d6881.

Heath, D. B. (1998). Cultural variations among drinking patterns. In M. Grant, J. Litvak (Eds.)., *Drinking Patterns and their Consequences*. Washington, DC: Taylor & Francis.

Heather, N. (2017). On defining addiction. In N. Heather, G. Segal (Eds.), *Addiction and Choice: Rethinking the Relationship*. Oxford: Oxford University Press.

Hebb, D. (1949). *The Organization of Behavior*. New York: Wiley & Sons.

Heyman, G. M. (2013). Addiction and choice: Theory and new data. *Frontiers in Psychiatry*, *4,* 1-5.

Hibbert, L., & Best, D. (2011). Assessing recovery and functioning in former problem drinkers at different stages of their recovery journeys. *Drug and Alcohol Review*, *30*, 12-20.

Home Office (2014). *Drugs: International Comparators*. London: Home Office.

Home Office (2015). *Drug Misuse: Findings From the 2014/2015 Crime Survey for England and Wales*. 2nd ed. London: Home Office.

Human Rights Watch (2009). *Decades of Disparity: Drug Arrests and Race in the United States* [Online]. Acesso em 11 ago. 2017. Disponível em: www.hrw.org/sites/default/files/reports/us0309web_1.pdf.

Kellerman, N. P. (2013). Epigenetic transmission of Holocaust trauma: Can nightmares be inherited? *Israel Journal of Psychiatry and Related Sciences*, *50*(1), 33-39.

Kellogg, S. H. (2003). On "Gradualism" and the building of the harm reduction-abstinence continuum. *Journal of Substance Abuse Treatment*, *25*, 241-247.

Kellogg, S. H. (2016, 24 ago.). Addiction Treatment should be the work of liberation – But what does such a model look like? *Influence* [Online]. Acesso em 9 ago. 2017. Disponível em: http://theinfluence.org/addiction-treatment-should-be-the-work-of-liberation-but-what-does-such-a-model-look-like/.

Khantzian, E. J. (1985). The self-medication hypothesis of addictive disorders: Focus on heroin and cocaine dependence. *American Journal of Psychiatry*, *142*(11), 1259-1264.

Kine, P.(2017).*The Philippines' Duterte Incites Vigilante Violence* [Online]. New York: Human Rights Watch. Acesso em 11 ago. 2017. Disponível em: www.hrw.org/news/2017/04/19/philippines-duterte-incites-vigilante-violence.

Kopelman, M. D., Thomson, A., Guerrini, I., & Marshall, E. J. (2009). The Korsakoff Syndrome: Clinical aspects, psychology and treatment. *Alcohol & Alcoholism*, *44*(2), 148-154.

Kroll, D. (2003). Living with an elephant: Growing up with parental substance misuse. *Child and Family Social Work*, *9*, 129-140.

Lambie, I., & Randell, I. (2013). The impact of incarceration on juvenile offenders. *Clinical Psychology Review*, *33*, 448-459.

Larimer, M. E. (2015). Impacts of changing marijuana policies on alcohol use in the United States. *Alcoholism: Clinical and Experimental Research*, *40*(1), 33-46.

Lewis, M. (2015). *The Biology of Desire: Why Addiction Is Not a Disease*. London: Scribe.

Litt, M., Kadden, R., Kabela-Cormier, E., & Petry, N. (2007). Changing network support for drinking: Initial findings from the network support project. *Journal of Consulting and Clinical Psychology*, *75*, 542-555.

Lopez-Quintero, C., Hasin, D. H., de los Cobos, J. P., Pines, A., Want, S., Grant, B. F., & Blanco, C. (2011). Probability and predictors of remission from lifetime nicotine, alcohol, cannabis or cocaine dependence: Results from the National Epidemiologic Survey on Alcohol and Related Conditions. *Addiction*, *106*(3), 657-669.

Luby, J., Belden, A., Botteron, K., Marrus, N., Harms, M. P., Babb, C., Nishino, T., & Barch, D. (2013). The effects of poverty on childhood brain development: The mediating effect of caregiving and stressful life events. *JAMA Pediatrics*, *167*(12), 1135-1142.

Manning, V., Best, D. W., Faulkner, N., & Titherington, E. (2009). New estimates of the number of children living with substance misusing parents: Results from UK national household surveys. *Biomed Central Public Health*, *9*, 377.

Marlatt, G. A. (2002). Buddhist philosophy and the treatment of addictive behaviour. *Cognitive and Behavioural Practice*, *9*, 44-50.

Marmot, M. G. (2006). Status Syndrome: A challenge to medicine. *JAMA*, *295*(11), 1304-1307.

Maslow, A. H. (1943). A theory of human motivation. *Psychological Review*, *50*(4), 370-396.

Masson, J. M. (Ed.). (1985). *The Complete Letters of Sigmund Freud to Wilhelm Fliess, 1887–1904*. Cambridge: Harvard University Press. Citação extraída da carta de Freud a Wilhelm Fliess, 22 dez. 1897 [Trechos online]. Acesso em 23 out. 2016. Disponível em: www3.haverford.edu/psychology/ddavis/ffliess.html.

Maté, G. (2010). *In the Realm of Hungry Ghosts: Close Encounters With Addiction*. Berkeley, CA: North Atlantic Books.

Meyers, R. J., Miller, W. R., Hill, D. E., & Tonigan, J. S. (1999). Community Reinforcement and Family Training (CRAFT): Engaging unmotivated drug users in treatment. *Journal of Substance Abuse*, *10*(3), 291-308.

Michalak, L., Trocki, K., & Bond, J. (2007). Religion and alcohol in the US National Alcohol Survey: How important is religion for abstention and drinking? *Drug and Alcohol Dependence*, *87*(2-3), 268-280.

Miller, W. R., & Rollnick, S. (2013). *Motivational Interviewing: Helping People Change*. 3rd ed. New York: Guilford Press.

Miron, J. (1999). *Violence and US Prohibitions of Drugs and Alcohol* [Online]. Cambridge: National Bureau of Economic Research. Acesso em 13 ago. 2017. Disponível em: www.nber.org/papers/w6950.pdf.

Mischel, W., Shoda, Y., & Rodriguez, M. L. (1989). Delay of gratification in children. *Science*, *244*(4907), 933-938.

Mitcheson, L., Maslin, J., Meynen, T., Morrison, T., Hill, R., & Wanigaratne, S. (2010). *Applied Cognitive and Behavioural Approaches to the Treatment of Addiction*. West Sussex: John Wiley & Sons.

Musto, D. (1999). *The American Disease: Origins of Narcotics Control*. Oxford: Oxford University Press.

Nevis, E. C. (Ed.) (2000). *Gestalt Therapy: Perspectives and Applications*. Cambridge, MA: GestaltPress.

NTA (2010). *Psychosocial Interventions for Drug Misuse*. London: National Treatment Agency.

Nutt, D., King, L. A., & Phillips, L. D. on behalf of the Independent Scientific Committee on Drugs (2010). Drug harms in the UK: A multicriterion decision analysis. *Lancet*, *376*(9752), 1558-1565.

Olds, D. L., Eckenrode, J., Henderson, C. R., Kitzman, H., Powers, J., Cole, R., Sidora, K., Morris, P., Pettitt, L. M., & Luckey, D. (1997). Long-term effects of home visitation on maternal life course and child abuse and neglect. Fifteen-year follow-up of a randomized trial. *JAMA: The Journal of the American Medical Association*, *278*(8), 637-643.

ONS. (2016). *Smoking Habits in the UK*. London: Office for National Statistics.

Orford, J., Copello, A., Velleman, R., & Templeton, L. (2010). Family members affected by a close relative's addiction: The stress-strain-coping-support model. *Drugs: Education, Prevention and Policy*, *17*(Supplement 1), 36-43.

Orford, J., Velleman, R., Natera, G., Templeton, L., & Copello, A. (2013). Addiction in the family is a major but neglected contributor to the global burden of adult ill-health. *Social Science and Medicine*, 78, 70-77.

Peele, S., Brodsky, A., & Arnold, M. (1992). *The Truth About Addiction and Recovery* [Online]. New York: Simon & Schuster. Acesso em 13 ago. 2017. Disponível em: www.peele.net/lib/truth_1.html.

Petry, N. (2000). A comprehensive guide to the application of contingency management procedures in clinical settings. *Drug and Alcohol Dependence*, 58, 9-25.

PHE (2014). *Alcohol and Drugs Prevention, Treatment and Recovery: Why Invest?* London: Public Health England.

Rehm, J., Samokhvalov, A. V., & Shield, K. D. (2013). Global burden of alcoholic liver diseases. *Journal of Hepatology*, *59*(1), 160-168.

Rogers, C. (1961). *On Becoming a Person: A Therapist's View of Psychotherapy*. London: Constable.

Ryan, F. (2013). *Cognitive Therapy for Addiction*. West Sussex: John Wiley & Sons.

Saggers, S., & Gray, D. (1998). *Dealing With Alcohol: Indigenous Usage in Australia, New Zealand and Canada*. Melbourne: Cambridge University Press.

Scottish Government (2008). *The Road to Recovery*. Edinburgh: Scottish Government.

Seligman, M. (2002). *Authentic Happiness*. New York: Atria Books.

The Sentencing Project (2013). *Report of the Sentencing Project to the United Nations Human Rights Committee* [Online]. Washington, DC: The Sentencing Project. Acesso em 14 ago. 2017. Disponível em: www.sentencingproject.org/publications/shadow-report-to-the-united-nations-human-rights-committee-regarding-racial-disparities-in-the-united-states-criminal-justice-system.

Sessa, B., & Nutt, D. (2015). Making a medicine out of MDMA. *British Journal of Psychiatry*, *206*(1), 4-6.

Shaffer, H. (1984). Uber coca: Freud's cocaine discoveries. *Journal of Substance Abuse Treatment*, *1*(3), 205-217.

Shulte, E., Avena, N. M., & Gearhardt, A. N. (2015). Which foods may be addictive? The roles of processing, fat content and glycemic load. *PLOS ONE*, *10*(2), 1-18.

Smith, D. G., & Robbins, T. W. (2013). The neurobiological underpinnings of obesity and binge eating: A rationale for adopting the food addiction model. *Biological Psychiatry*, *73*(9), 804-810.

Smith, J. E., Meyers, R. J., & Miller, W. R. (2001). The Community Reinforcement Approach to the treatment of substance use disorders. *American Journal on Addictions*, *10*(1), 51-59.

Standing, G. (2015). The precariat and class struggle. *Revista Crítica de Ciências Sociais Annual Review*, 7, 3-16.

Stevens, A., & Hughes, C. E. (2012). A resounding success or a disastrous failure: Re-examining the interpretation of evidence on the Portuguese decriminalisation of illicit drugs. *Drug and Alcohol Review*, *31*(1), 101-113.

Szalavitz, M. (2015). Genetics: No more addictive personality. *Nature*, *522*(7557), 48-49.

Szalavitz, M. (2016). *Unbroken Brain: A Revolutionary New Way of Understanding Addiction*. New York: St Martin's Press.

Szalavitz, M., & Perry, B. (2010). *Born for Love: Why Empathy Is Essential, and Endangered*. New York: HarperCollins.

Tatarsky, A. (2003). Harm reduction psychotherapy: Extending the reach of traditional substance use treatment. *Journal of Substance Abuse Treatment*, *25*, 249-256.

TDPF (2009). *After the War on Drugs: Blueprint for Regulation*. Bristol: Transform Drug Policy Foundation.

Thich Nhat Han (2007). *Two Treasures: Buddhist Teachings on Awakening to True Happiness*. Berkeley, CA: Parallax Press.

Treback, A. S., Zeese, K. B., & Friedman, M. (1992). *Friedman and Szasz on Liberty and Drugs: Essays on the Free Market and Prohibition*. Washington, DC: Drug Policy Foundation Press.

UKDPC (2012). *A Fresh Approach to Drugs* [Online]. London: UK Drug Policy Commission. Acesso em 23 ago. 2017. Disponível em: www.ukdpc.org.uk/wp-content/uploads/a-fresh-approach-to-drugs-the-final-report-of-the-uk-drug-policy-commission.pdf.

UK Drug Policy Commission Recovery Consensus Group (2008). *A Vision of Recovery*. London: UKDPC.

UK Smart Recovery (2016). Informação disponível em: www.smartrecovery.org.uk.

UNODC (2015). *World Drug Report* [Online]. Vienna: UN Office on Drugs and Crime. Acesso em 11 ago. 2017. Disponível em: www.unodc.org/documents/wdr2015/WDR15_Drug_use_health_consequences.pdf.

UNODC (2016). *World Drug Report*. Vienna: UN Office on Drugs and Crime.

UNODC (2017). *World Drug Report* [Online]. United Nations. Acesso em 11 ago. 2017. Disponível em: www.unodc.org/wdr2017/field/Booklet_1_ EXSUM.pdf.

Villettaz, P., Gilliéron, G., & Killias, M. (2014). *The Effects on Re-offending of Custodial Versus Non-Custodial Sanctions*. Stockholm: Swedish Council for Crime Prevention.

Waldorf, D., & Biernacki, P. (1981). The natural recovery from opiate addiction: Some preliminary findings. *Journal of Drug Issues*, *11*(1), 61-74.

Weaver, T., Madden, P., Charles, V., Stimson, G., Renton, A., Tyrer, P., Barnes, T., Bench, C., Middleton, H., Wright, N., Paterson, S., Shanahan, W., Seive-wright, N., & Ford, C. (2003). Comorbidity of substance misuse and mental illness in community mental health and substance misuse services. *British Journal of Psychiatry*, *183*, 304-313.

West, R., & Brown, J. (2013). *Theory of Addiction*. 2nd ed. Oxford: Wiley Blackwell.

White, W. L. (1996). *Pathways: From the Culture of Addiction to the Culture of Recovery*. 2nd ed. Center City, MN: Hazelden.

White, W. L. (2009). Executive summary, peer-based addiction recovery support: History, theory, practice, and scientific evaluation. *Counselor*, *10*(5), 54-59.

White, W. L., & Cloud, W. (2008). Recovery capital: A primer for addictions professionals. *Counselor*, *9*(5), 22-27.

WHO (1992). *The ICD-10 Classification of Mental and Behavioural Disorders: Clinical Descriptions and Diagnostic Guidelines*. Geneva: World Health Organization.

WHO (2014). *Global Status Report on Alcohol and Health*. Geneva: World Health Organization.

WHO/UN Joint Statement (2017, 27 jun.). *Joint United Nations Statement on Ending Discrimination in Health Care Settings* [Online]. World Health Organization/United Nations. Acesso em 13 ago. 2017. Disponível em: www.who.int/mediacentre/news/statements/2017/discrimination-in-health-care/en/.

Wilens, T. E., Faraone, S. V., Biederman, J., & Gunawardene, S. (2003). Does stimulant therapy of attention-deficit/hyperactivity disorder beget later substance abuse? A meta-analytic review of the literature. *Pediatrics*, *111*, 179-185.

Witkiewitz, K., & Marlatt, G. A. (2004). Relapse prevention for alcohol and drug problems: That was Zen, this is Tao. *American Psychologist*, 59(4), 224-235.

Wodak, A. (1994). Olympian ideas or pragmatism. *Addiction*, *89*, 803-804.

Young, J., Klosko, J., & Weishaar, M. E. (2003). *Schema Therapy: A Practitioner's Guide*. New York: Guilford Press.

Zernig, G., Kummer, K. K., & Prast, J. M. (2013). Dyadic social interaction as an alternative reward to cocaine. *Frontiers in Psychiatry*, *4*(100), 1-5.

Zinberg, N. E. (1984). *Drug, Set and Setting: The Basis for Controlled Intoxicant Use*. New Haven, CT: Yale University Press.

Zubrick, S. R., Lawrence, D., Silburn, S. R., Blair, E., Milroy, H., Wilkes, T., Eades, S., D'Antoine, H., Read, A., Ishiguchi, P., & Doyle, S. (2004). *The Western Australian Aboriginal Child Health Survey: The Health of Aboriginal Children and Young People* (Vol. 1). Perth: Telethon Institute for Child Health Research.

GRÁFICA PAYM
Tel. [11] 4392-3344
paym@graficapaym.com.br